21세기
대한예수교장로회
교리문답
어떻게 만들어졌나?

교리문답해설서간행위원회

한국장로교출판사

차례

발간사 류영모 목사(대한예수교장로회 총회장) / 6
서 문 박선용 목사(교리문답해설서간행위원회 위원장) / 8

제1장 「21세기 대한예수교장로회 교리문답」이 결정되기까지 / 10

제2장 교리문답 개정의 방향 / 15

    1. 「요리문답」을 「21세기 대한예수교장로회 교리문답」으로
       명칭을 정함 / 15

    2. 개혁교회의 주요한 세 가지 교리문답의 구조 분석 / 17

    3. 교리에서 삶과 영성으로 / 22

    4. 새로운 '교리문답'은 헌법 속의 전통적 신앙고백들과
       우리 교단이 1986년과 2001년에 만든
       두 가지의 신앙고백을 기초로 작성 / 46

    5. 참조한 주요 자료들 / 54

제3장 교리교육 활성화를 위한 제안 / 60

    1. 새로운 교리문답의 교육을 위해 발간이 시급한 책들 / 60

    2. 이후 교리교육을 위해 발간할 책들 / 60

    3. 기타 출간이 필요한 책들 / 61

제4장 기독교의 핵심 교리와 사도신경에 대한 개괄적 이해 / 63

    1. 신학서론 / 64

    2. 신론 / 66

    3. 기독론 / 68

    4. 성령론 / 70

    5. 인간론 / 72

    6. 교회론 / 75

    7. 종말론 / 76

    8. 교리와 윤리 / 78

    9. 기독교의 핵심 교리와 「21세기 대한예수교장로회 교리문답」의 사도신경 부분과의 상관성 / 82

제5장 성도들의 바른 행위의 규범으로서의 십계명에 대한
개괄적 이해 / 84

    1. 십계명의 전체적 구조와 전반부 제1~4계명에 대한 설명 / 86
    2. 욕심을 버리는 것의 중요성 / 89
    3. 이웃 사랑의 계명으로서의 제5~10계명 / 93
    4. 십계명은 우리에게 무엇을 가르치는가? / 101
    5. 십계명의 구조에 따른 교리문답의 구성 / 103

제6장 바른 행위를 가능하게 하는 은혜의 수단으로서의
주기도문에 대한 개괄적 이해 / 106

    1. 주기도문의 번역과 구조 / 107
    2. 주기도문의 전체적인 흐름 / 108
    3. 하나님의 뜻 / 114
    4. 우리의 뜻 / 116
    5. 하늘에서와 같이 땅에서도 / 120

제7장 예배의 두 요소: 복종과 섬김 / 123

    1. 수직적 영성과 수평적 영성 / 123

    2. 예배를 말하는 용어들 / 125

    3. 복종 / 128

    4. 섬김 / 133

    5. 하나님 섬김과 사람의 섬김 / 139

    6. 은혜의 수단으로서의 예배와 성례와 기도 / 142

제8장 2021년 11월 29일 선포 및 공고한
「21세기 대한예수교장로회 교리문답」 전문 / 149

    서문 / 150

    Ⅰ. 성경에 대하여(문 1-7) / 153

    Ⅱ. 사도신경에 대하여(문 8-22) / 156

    Ⅲ. 십계명에 대하여(문 23-41) / 163

    Ⅳ. 예배와 성례에 대하여(문 42-53) / 172

    Ⅴ. 주기도문에 대하여(문 54-66) / 179

    Ⅵ. 교회의 선교에 대하여(문 67-70) / 185

발간사

류영모 목사(대한예수교장로회 총회장)

제106회 총회의 '교리문답해설서간행위원회'에서 『21세기 대한예수교장로회 교리문답 어떻게 만들어졌나?』라는 책을 출간하게 된 것을 축하드립니다. 새로운 교리문답 해설에 대한 첫 번째 책이 나올 수 있도록 노력을 아끼지 않은 박선용 위원장 외 모든 위원들과 이전에 본 요리문답을 만들었던 '요리문답개정연구위원회'의 노영상 위원장과 위원들의 노고에 감사드립니다.

이번에 총회에서 결의된 교리문답은 우리 교단이 지금까지 사용해 온 요리문답(웨스트민스터 소요리문답)을 새롭게 한 것으로, 본 교리문답은 교회의 가르침을 오늘의 상황에서 다시 정리한 것입니다. 총 70문항으로 구성되어 있으며 이전의 107문항으로 되어 있던 요리문답을 보다 간결하게 하였습니다.

2021년 9월 제105회 총회에서 통과된 이후, 노회 수의를 거쳐 가결한 후, 2021년 11월 19일 실시할 것을 선포 및 공고하였습니다. 많은 목회자들과 신학자들의 노력을 통해 정성껏 만들어진 이 교리문답이 널리 사용되기를 기대합니다.

금번 제106회 총회는 '교리문답해설서간행위원회'를 설치하고, 이번에 새로 만들어진 「21세기 대한예수교장로회 교리문답」에 대한 해설과 교육을 위한 책들을 만들 것을 위임하였습니다. 이번에 만들어진 책은 새 교리문답에 대한 해설서이며, 차후 아동과 성인들을 위한 세례문답교육서들을 출간할 예정 중에 있습니다. 특히 제106회 총회는 7~12세 사이의 아동들을 위한 아동세례를 줄 수 있도록 가결하였는 바, 이러한 아동세례와 아동성찬의 신학적 문제들에 대하여 답하는 책들의 출판도 계획 중에 있습니다.

이단 사설이 횡행하는 오늘날, 기독교의 가르침을 분명히 하여 교인들의 신앙을 든든하게 하는 일은 아무리 강조해도 부족함이 없습니다. 부디 새롭게 단장한 이 교리문답을 통해 교인의 신심이 더욱 굳건해지고, 주님의 복음이 온 세상에 널리 전파되길 바랍니다.

서 문

박선용 목사(교리문답해설서간행위원회 위원장)

우리 교단의 교리교육 체제는 외국의 타교단에 비해 뒤처진 면이 있습니다. 자녀들에게 신앙을 전수하기 힘들고, 다른 사람들을 전도하기도 어려운 이때, 선교의 활성화를 위한 가장 효과적인 방법은 전달할 교리의 내용을 분명하게 하는 것입니다.

특히 지난 총회에서 아동세례와 아동성찬에 대한 시행안건이 통과됨에 따라 교리교육에 대한 필요성이 커지고 있고, 이로 인해 본 교단은 보다 포괄적인 교리교육을 기획하게 되었습니다. 무엇보다 7세부터 12세까지 아동세례를 받는 어린이들에 대한 알기 쉬운 교리교육 체제를 만드는 것이 시급하며, 이에 대한 집중적인 연구가 필요한 때입니다. 외국의 다른 교단들은 어린이들을 위해 그림이나 만화, 사진과 일러스트, 동영상, 애니메이션 등을 이용한 알기 쉬운 교재들을 개발하여 교리교육에 힘써 왔습니다. 우리 교단도 이를 배워 교리교육 교재 연구에 관심을 기울여야 합니다.

복음 전파가 활성화되기 위해서는 전하려고 하는 복음의 핵심 내용을 신자 모두가 확실히 아는 것이 전제되어야 합니다. 예전 신약시대에 사도 바울과 같은 걸출한 신학자가 나타나 기독교 복음의 진수를 성령의 영감을 통해 정리한 것처럼, 오늘날에도 그와 같이 복음의 내용을 교인들의 손에 쥐여주려는 노력이 필요합니다. 또한 가톨릭은 교회 내에 교리교사(catechist)를 두는 등 교리교육에 많은 힘을 써 왔으나, 우리는 이 분야에 대해 관심이 적었습니다.

본서는 총 8장으로 구성되어 있습니다. 1장에서는 본 교리문답이 공포되기까지의 경과에 대해 설명하였고, 2장에서는 교리문답의 개정 방향에 대하여, 그리고 3장에서는 교리교육의 활성화를 위한 제안을 하였습니다. 이어 4장부터 6장까지는 본 교리문답을 구성하고 있는 사도신경, 십계명, 주기도문 각각의 신학적 의미를 설명하였으며, 그러한 신학적 견지가 본 교리문답 속에 어떻게 녹여져 있는지를 언급하였습니다. 이어 7장에서는 은혜의 중요한 수단 중의 하나인 예배의 신학적 의미에 대해 서술하면서, 그러한 예배신학이 본 교리문답 가운데 어떻게 반영되어 있는지를 언급하였습니다. 마지막으로 8장에는 이번 새로 정리된 「21세기 대한예수교장로회 교리문답」 전문이 게재되어 있습니다.

이에 본 교리문답 해설서를 통해 교단의 세례자 및 새신자교육이 더욱 진전되기를 바라며, 다시 한번 본 교리문답의 제정을 위해 많은 땀을 흘리신 '헌법개정위원회'와 '헌법위원회'의 모든 위원들과 '요리문답개정연구위원회'의 위원들 및 '교리문답해설서간행위원회'의 위원 모두의 노고에 감사드리며, 「21세기 대한예수교장로회 교리문답」에 대한 해설서를 내놓습니다.

제1장
「21세기 대한예수교장로회 교리문답」이 결정되기까지

　2016년 제101회 대한예수교장로회(통합) 총회는 교단헌법에 포함되어 있는 교리 부분의 「요리문답」을 개정하기로 하고 '요리문답개정연구위원회'를 설치했다. 당해 총회는 요리문답의 개정 및 증보를 위한 특별위원회로서 '요리문답개정연구위원회'를 두기로 하였고, 이 위원회의 목표는 「요리문답」의 자구 수정이나 일부 개정이 아닌 전면 개정이었다(2016년 11월 15일 '요리문답개정연구위원회' 101-2차 위원회 시 결의).

　이 일을 위임받은 위원회는 '헌법개정위원회'의 여러 위원들과 힘을 합하여 이전의 「요리문답」을 전면적으로 새롭게 개정하여 잘 구성된 교리문답을 만들었다. 그리고 지난 「요리문답」의 내용을 기반으로 오늘의 상황을 성찰하면서 전체적으로 손질하였다.

이에 총회는 여러 해 동안의 숙고를 통해 2021년 제106회 총회에서 본 「21세기 대한예수교장로회 교리문답」을 결의하게 되었으며, 노회의 수의를 거쳐 2021년 11월 29일 실시할 것을 선포 및 공고하였다.

'요리문답개정연구위원회'와 '헌법개정위원회'는 기존의 「요리문답」을 전면적으로 개정하여 새로운 「21세기 대한예수교장로회 요리문답」을 내놓았고, 106회 총회는 이를 받아들여 새로운 「21세기 대한예수교장로회 교리문답」을 '교단헌법'의 교리 부분 말미에 추가하기로 결정하였다.

총회는 1986년의 「대한예수교장로회 신앙고백서」와 2001년에 제정된 「21세기 대한예수교장로회 신앙고백서」를 기존의 교리 내용에 추가하여 받아들인 바 있다. 그러므로 이에 상응하여 「21세기 대한예수교장로회 교리문답」을 기존 교리 부분에 추가할 것을 결의했다. 그렇게 함으로써 기존에 우리가 세례문답 시 사용하던 「요리문답」도 보존하고, 또한 지난 여러 해 동안의 노력을 통해 작성된 「21세기 대한예수교장로회 교리문답」도 동시에 보유할 수 있었다.

현재 우리가 가지고 있는 「요리문답」은 「웨스트민스터 소요리문답」으로서 이는 1647년에 영국에서 제정된 것이다. 따라서 오늘날에 부합하는 새로운 교리문답을 만들 필요가 있었으며, 이에 '요리문답개정연구위원회'에서 심혈을 기울여 이 「요리문답」을 보완하고 오늘날 사용하기에 용이한 교리문답으로 구성하였다.

무엇보다 새로 개정 증보된 교리문답은 사도신경과 주기도문, 그리고 십계명의 구조를 보다 명확히 나타내고 있기 때문에 세례문답 시의 문답자료로 유리한 점이 많고, 기존의 요리문답을 잘 드러내고 있다. 또한 본 교단의 기본적인 신앙고백들과 1986년의 「대한예수교장로회 신앙고백서」, 2001년에 제정된 「21세기 대한예수교장로회 신앙고백서」 등의 내용들도 반영하며, "Ⅰ. 성경에 대하여 Ⅱ. 사도신경에 대하여 Ⅲ. 십계명에 대하여 Ⅳ. 예배와 성례에 대하여 Ⅴ. 주기도문에 대하여 Ⅵ. 교회의 선교에 대하여"라는 목차로 구성하였다.

본 새로운 교리문답은 기독교 구원의 길과 믿음을 요약하고 있는 사도신경, 하나님께서 요구하시는 신자들의 윤리생활과 삶의 지침을 요약한 십계명, 하나님 나라에 대한 희망과 그것의 구현을 보여주는 은혜의 수단으로서의 주기도문을 기본 틀로 하여 구성되었는데, 이 같은 교리문답의 전체적 구조를 문 4는 다음과 같이 언급한다.

문 4: 성경의 주된 가르침은 무엇입니까?
답: 성경의 중심 메시지는 예수 그리스도입니다. 성경은 우리에게 삼위일체 되시는 하나님과 그의 말씀이신 예수 그리스도에 대한 믿음의 길(요 3:16)과 하나님께서 우리에게 요구하시는 의무(미 6:8)에 대하여 가르칩니다. 성경은 불순종으로 타락하여 비참하게 된 인간들(창 3:8, 19; 마 25:41)이 예수 그리스도를 믿음으로 죄가 사해져 구원받게 되며(행 16:31), 이 구원으로 말미암아 온 세상과 피조물이 새롭게 됨을 가르치는 책입니다(요 20:31). 우리는 성경 말씀을 통해 예수 그리스도의 복음 전파와 하나님 나라 구현의 사명을 깨닫게 됩니다(막 1:15). 이에 있어

사도신경은 우리에게 구원과 믿음의 길에 대해 설명하며, 십계명은 하나님께서 우리에게 요구하시는 의무들을 지킬 것을 말합니다. 우리는 믿음 안에서 은혜의 수단이 되는 말씀과 기도와 성례를 통해 주님의 명령을 준행할 힘을 얻게 되는 것입니다.

이상과 같이 새로 개정된 교리문답은 기존의 소요리문답의 구조를 그대로 따른 것으로, 사도신경과 십계명과 주기도문의 내용을 영성훈련의 차원과 우리의 삶에서 어떻게 구현하여야 할 것인지를 고려하여 만들어졌다. 이 과정에서 전체 문항 수가 107항에서 70항으로 축소되었는데, 그것은 이전의 요리문답 중의 십계명 부분이 "첫째 계명이 무엇입니까, 첫째 계명에서 요구하는 것이 무엇입니까, 첫째 계명에서 금하는 것이 무엇입니까" 등 각각 4문항 정도로 되어있던 것을 한 문항으로 통합하였기 때문이다. 따라서 전체적 구조에서는 변함이 없음을 밝힌다.

새로운 교리문답은 보다 이해하기 쉽고 친숙한 언어로 우리 개혁교회의 교리를 문답형식으로 풀어쓴 것으로 세례자를 교육하는 데 더 편리하게 사용되길 바란다. 아울러 기존의 신자들과 다음 세대의 세례를 받는 이들을 더 잘 교육할 수 있도록 하기 위하여 여러 교육훈련서들이 출간될 예정에 있다.

무엇보다 금번의 새로운 교리문답은 2001년 헌법의 교리 부분에 추가한 「21세기 대한예수교장로회 신앙고백서」에 상응하는 것으로서, 「21세기 대한예수교장로회 교리문답」이라고 명명하였다. 이는 「웨스트민스터 신앙고백」에 짝을 이룬 「웨스트민스터 소요리문답」(줄여서, 「요리문답」)이 있는 것처럼, 「21세기 대한예수교장로회 신앙고백서」에 짝을 이루어 「21세기 대한예수교장로회 교리문답」이라 칭한 것으로, 우리 헌법 중 교리 부분의 내용을 보다 풍성히 하였다.

제2장
교리문답 개정의 방향

1. 「요리문답」을 「21세기 대한예수교장로회 교리문답」으로 명칭을 정함

본 위원회는 기존 「웨스트민스터 소요리문답」의 기본 정신과 내용을 벗어나지 않도록 각별히 유의해야 한다는 원칙을 세웠으며, '요리문답'이란 용어가 일반 대중에게 생소하므로 그 이름을 '요리(要理, 중요한 교리)문답'에서 '교리(敎理, 교회의 가르침)문답'으로 변경하였다.

요리문답은 영어로 '카테키즘'(catechism)이라 하는데, 사전적으로는 '교리문답'으로 번역되어 있다. 무엇보다 최근에 출판된 이에 관한 책들은 요리문답보다 교리문답이란 명칭을 많이 사용하고 있기 때문에, 차제에 그 이름을 '교리문답'으로 수정하는 것에도 큰 의의

가 있다. '카테키즘'은 라틴어로는 '카테키스무스'(catechismus)라 하며, 그것의 어원은 그리스어 '카테케인'(katēkein)으로서 '구두로 가르친다.'라는 뜻을 갖는다. 기독교회는 초대교회 때부터 세례 지원자나 교회 전체의 교육을 위해 교리를 요약하고 생활의 지표를 제시하는 교육을 계속해 왔다. 이 같은 교육은 기독교가 공인된 후에도 그리스도인으로서의 생활의 유지를 위한 참회와 결부되어서 행해져 왔다. 그리고 종교개혁자들은 성경에 의거한 교리와 생활을 대중에게 제시할 필요성을 느껴 교리문답을 다시 만들어 가르쳤다.[1]

'교리문답'은 교회교육의 교본과 같은 것으로 이 같은 문답식의 교육활동은 구약시대부터 형성되어 왔다. 그리고 이는 기독교 교육의 중요한 특징이라 할 수 있다. 교리문답의 교육방법은 인격적이고 공동체적으로 기독교의 진리를 가르치기에 매우 적절하다 할 수 있다.

모든 교리문답의 기본구조는 사도신경, 십계명, 주기도문의 형식으로 되어 있으며, 보통 이 세 가지의 내용을 분석하여 문답형식으로 엮고, 여기에 세례문답이나 입교문답을 위한 '성례전'(세례와 성찬)과 '성경 말씀'에 대한 교리들이 첨가되는 경우가 많았다.

하지만 이전에 나온 '교리문답'들은 당시의 시대 상황으로부터 배태된 것으로, 현대적 상황들을 충분히 반영하고 있지 못한 부분들도 있어 이에 대한 개정의 필요성이 요구되고 있었다.[2] 이에

---

[1] [네이버 지식백과] "교리문답"(catechism), 『종교학대사전』(서울: 한국사전연구사, 1998).

[2] [네이버 지식백과] "교리문답"(catechism), 『두산백과』.

본 위원회는 이런 필요들에 부응하여 '요리문답'이란 이름을 '교리문답'이란 이름으로 개정하고, 오늘날 우리의 삶과 사회생활에서의 기독교 구원의 의미를 보다 정교히 하고자 했다.

2. 개혁교회의 주요한 세 가지 교리문답의 구조 분석

우리 한국교회는 요리문답으로 17세기에 만들어진 「웨스트민스터 소요리문답」만을 헌법에 포함시킨 바 있다. 이 「웨스트민스터 소요리문답」과 함께 1541년 존 칼뱅이 직접 만든 「제네바교회 요리문답」, 1563년에 만들어진 「하이델베르크 요리문답」도 개혁교회의 중요한 요리문답들이다. 이에 본 위원회는 이 세 가지의 입장을 잘 종합하여 보다 진전된 요리문답을 만들기 위해 노력하였는데, 일단 이 세 요리문답을 구조적으로 비교하면 다음과 같다.[3]

	칼뱅의 「제네바교회 요리문답」(1541)	「하이델베르크 요리문답」(1563)	「웨스트민스터 소요리문답」 (요리문답, 1647)
전체 구조	일원적 구조: 하나님을 알되, "그를 합당하게 경배하는 형식으로 그를 아는 것"(문 6)인데, 이는 우리의 바른 믿음(사도신경)과 삶(십계명)을 통하여, 그리고 교회생활(기도, 말씀경청, 성례)을 통하여 현실화 된다.	삼중적 구조(문 2): 죄와 비참함의 상태, 죄와 비참함으로부터의 구원, 구원에 감사하는 방법	이중적 구조(문 3): 하나님에 대한 믿음, 하나님께서 요구하시는 의무

---

[3] 황재범, 『개혁교회 3대 요리문답』(서울: 한들출판사, 2013), 17.

4대 요소의 배치	사도신경(문 1-130) 십계명(문 131-232) 주기도문(문 233-295) 말씀과 성례(문 296-373)	서문(문 1-2) 사도신경(구원에 대한 기본 교리, 문 3-64) 성례(문 65-85) 십계명(문 86-115) 주기도문(문 116-129)	사도신경(문 1-38) 십계명(문 39-81) 구원의 수단들(문 82-88): 말씀(문 89-90), 성례(문 91-97), 기도(주기도문 해설, 문 98-107)
전체적 요약	인간은 하나님의 피조물(2)이므로 "하나님을 전적으로 신뢰하고(사도경), 그의 뜻에 순종함으로써 일생 동안 그를 경배하도록 노력하며(십계명), 구원과 또한 하나님으로부터 기대할 수 있는 바의 선한 것은 무엇이든지 그에게서 구하면서 필요가 있을 때마다 그에게 기도하며(주기도문), 그가 모든 것들의 유일한 창조자이심을 마음과 입으로 인정해야(말씀과 성례) 한다"(7).	우리가 참된 위로(구원)을 받기 위해 참 신앙을 가져야 한다. 참 신앙은 사도신경을 그 내용으로 하며, 그것은 성례를 받음으로 견고하게 된다. 견고하게 된 신앙은 십계명의 실천을 통하여 삶으로 나타나야 한다. 그러나 십계명을 완전하게 지킬 수 없으므로 주기도문을 따라 기도를 해야 할 것이다.	하나님의 섭리와 작정(예정)을 강조함(문 7, 8). 그리스도는 선택된 자들만의 구원자이심(문 21). 영생에로 선택된 자들만이 구원받음(문 20). 구원의 과정에서 성령의 주도적 활동(문 30)과 이 활동의 구체화 과정을 강조함: 실제적 부르심(문 31), 칭의(문 33), 양자(문 34), 성화(문 35). 십계명을 지켜야 하나 제대로 지키지 못하기 때문에 외적 수단(말씀, 성례, 기도)을 주셨다.

위와 같은 삼대 요리문답의 구조를 통해 요리문답들은 문답식으로 되어 있으며, 사도신경, 십계명, 주기도문, 성례를 그것의 주요 내용으로 하고 있음을 알 수 있다. 믿음과 구원의 주요 교리로서의 사도신경, 그 믿음에 따라 우리의 삶에서 실천해야 하는 십계명, 그 구원을 구체화하는 수단으로서의 기도(주기도문)와 예배, 그리고 성례의 내용이 요리문답들의 근간인 것이다.

이에 있어 본 위원회는 교리문답의 순서를 다음과 같이 정하기로 하였다. 「웨스트민스터 소요리문답」의 순서에 따라(문 1-3), 먼저 성경이 무엇인가에 대한 설명을 하였으며, 사도신경에 대하여, 다음으로 십계명에 대한 설명을 한 다음, 은혜의 수단으로서의 예배와 성례전 및 주기도문에 대하여, 그리고 마지막으로 교회의 선교에 대해 서술하였다. 다시 말해서 기독교 구원의 길과 믿음을 요약하고 있는 사도신경, 하나님께서 요구하시는 신자들의 윤리생활과 삶의 지침을 요약한 십계명, 하나님 나라에 대한 희망과 그것의 구현을 보여주는 은혜의 수단으로서의 주기도문의 내용을 순서대로 기술한 것이다. 이에 있어 사도신경은 우리에게 기독교의 기본적 교리에 대한 믿음의 문제를 언급하며, 아울러 십계명은 믿음과 영성에 의거한 성도의 윤리생활에 대해 기술하는 반면, 주기도문은 은혜의 수단 중의 하나로서 기도를 통한 영성의 고양에 대해 설명하고 있다. 우리는 우리 자신의 죄성 때문에 십계명을 온전히 지킬 수 없지만, 성령의 은혜에 힘입어 쉬지 않고 기도함을 통해 바른 행위에 이르게 된다는 것이다. 특히 교리문답은 세례자들의 교육을 위해 중요하기 때문에 그 내용 속에서 세례에 대한 교리와 성찬에 대한 교리가 필수적으로 설명되어야 한다.

이에 본 위원회는 새로 개정하는 「21세기 대한예수교장로회 교리문답」의 목차를 다음과 같이 정했다.

새로 개정되는 「21세기 대한예수교장로회 교리문답」의 전체 목차

- 서문 -

I. 성경에 대하여 ·· (문 1-7)
II. 사도신경에 대하여 ··· (문 8-22)
III. 십계명에 대하여 ·· (문 23-41)
IV. 예배와 성례에 대하여 ···································· (문 42-53)
V. 주기도문에 대하여 ··· (문 54-66)
VI. 교회의 선교에 대하여 ···································· (문 67-70)

이러한 새로운 교리문답의 전체적 구조를 표로 만들어 설명하면 다음과 같다. 아래에서 보는 대로 기독교의 교리는 교리적인 암송의 차원에 머물러서는 안 되며, 그 내용이 우리의 삶에 영향을 미쳐야 한다. 기독교의 교리가 우리의 영성을 고양하고, 그것을 통해 우리의 삶과 인격이 변하며, 우리의 사회가 새롭게 되는 것을 지향하는 것이다. 이런 의미에서 기독교의 교리적 교육은 우리의 영성과 삶에 직결되어 있다.

문항	주제	내용
1-7	성경에 대하여	신앙의 모든 도리는 모두 성경에서 나오는 것으로, 성경은 기독교 교리의 근본이 되는 책이다. 이에 우리에게는 성경의 전체적 내용에 대한 이해가 먼저 요청된다.
8-22	사도신경에 대하여	사도신경은 행위로서가 아니라 하나님의 은혜로 말미암는 믿음을 통하여 구원을 얻는 것임을 강조한다.
23-41	십계명에 대하여	믿음으로 구원을 얻는다고 해서 우리의 행위는 아무래도 좋다는 것이 아니다. 행위 또한 중요하며, 그 행위의 원칙은 십계명이다.

42-53	예배와 성례에 대하여	그러나 인간에게는 선행의 능력이 없기 때문에 성령에 따른 은혜의 수단들이 필요하다. 그 은혜의 수단들에는 예배, 말씀, 기도, 세례, 성찬 등이 있다.
54-66	주기도문에 대하여	주기도문은 은혜의 수단과 영성훈련의 주요 방편으로서 기도의 전형에 대해 설명한다.
67-70	교회의 선교에 대하여	우리의 신앙은 나 개인적인 구원에만 머물러서는 안 되며, 다른 사람들의 구원을 위한 선교의 노력과 연결되어야 한다. 기독교의 선교는 내세적인 구원만을 목적으로 하지 않으며, 이 땅에 하나님 나라를 구현하는 것으로서의 현세적 행복도 목적으로 한다. 그 선교는 공공적 의미를 갖는 바, 신자의 사회적 책임을 동반한다.

성경은 인간에게 주님의 뜻을 실천할 능력이 없음을 말한다. 그러므로 은혜의 수단들이 요청되며, 그 가운데 중요한 하나가 기도이다. 이에 〈십계명에 대하여〉라는 부분에서 문 40은 그 내용을 다음과 같이 설명한다.

문 40: 사람은 십계명을 완전히 지킬 수 있습니까?

답: 인간이 타락한 이래로 하나님의 계명을 온전히 지킬 수 있는 사람은 아무도 없습니다(전 7:20; 약 1:14; 요일 1:8). 십계명은 인간이 얼마나 부족한 죄인인가를 보여주는 거울입니다. 중생 후에도 선을 행할 수 있는 힘은 그들 자신에게서 나온 것이 아니며, 전적으로 성령님께로부터 비롯됩니다(빌 2:13, 4:13). 그러나 우리는 선행을 위해 노력해야 하며 하나님께서는 그런 성실하심을 용납하시며 기뻐하십니다(히 6:10; 마 25:20-23).

3. 교리에서 삶과 영성으로

1) 경직된 교리에 대한 진술에서 삶에서의 실천을 강조하는 교리문답으로

앞의 표의 내용을 자세히 부연설명하면 다음과 같다. 사도신경, 십계명, 성례전과 주기도문의 내용을 모든 교리문답들이 포함하고 있다는 것이다. 사도신경은 우리에게 기독교의 구원의 방법, 즉 행함에 의해 구원받는 것이 아니라, 믿음으로 구원받는다는 것을 가르쳐 준다. 믿음으로 구원받기 때문에 우리의 행실이 어떠하든 상관없는 것일까? 이에 대해 어느 개혁신학자도 그렇다고 말하지 않는다. 믿음으로 구원받았지만 그 믿음에 상응하는 행위가 있어야 한다. 성경은 그 행위의 근거로서 십계명에 대해 말하며, 이에 교리문답은 우리 행위의 규정으로서의 십계명에 대해 설명한다. 그리고 이러한 바른 행실은 인간의 노력으로 가능한 일인지 아니면 주님의 도우심으로 가능한 일인지를 교리문답은 다시 묻는다. 이에 대해 교리문답은 그러한 바른 우리의 행실은 우리의 선함에서 나오는 것이 아니며, 하나님의 은혜에서 비롯되는 것임을 강조한다. 우리가 주님의 은혜에 거하게 될 때 바른 행동이 가능하며, 그러한 은혜의 수단으로 예배, 말씀, 기도(주기도문), 성례전 등이 있음을 교회는 가르쳐 왔다. 다시 요약하면 사도신경은 구원을 위한 믿음의 길을, 십계명은 인간의 삶의 원칙을, 주기도문 등은 하나님의 은혜 안에 줄곧 거하는 방법에 대해 설명한다.

이에 새로운 교리문답도 이런 기본적인 골격을 그대로 유지하고 있다. 먼저 믿음의 원칙으로서의 사도신경, 다음으로 우리의 행함의 원칙으로서의 십계명, 그리고 그 주님의 은혜를 구체화하는 수단으로서의 주기도문의 순으로 구성한 것이다.

이상에서와 같이 교리문답은 주님의 말씀과 우리의 삶을 연결하는 내용을 담고 있다. 교리적인 내용과 우리의 삶(life)의 문제를 이중적으로 다루는 것이 교리문답이다. 이에 본 위원회는 이번에 공포될 「21세기 대한예수교장로회 교리문답」이 교리지침서의 역할뿐 아니라, 세상에서의 삶과 교회생활에 직접 도움을 줄 수 있는 내용으로 구성할 것을 논의했다. 교리문답이 경직된 교리의 전수로 끝나서는 안 되며, 우리의 인격과 삶을 변화시키며 아울러 공공생활과 사회를 새롭게 하는 신앙고백이 되었으면 하는 바람이 담겨 있다. 교리문답은 교회의 가르침을 입으로만 되뇌는 것에 머물러서는 안 되며, 우리의 삶 전반을 변화시키는 역동적인 것이 되어야 한다. 이와 관련하여 우리가 자주 사용하는 교리문답이 우리의 생활세계와 삶에 깊은 영향을 미쳐야 함을 연구하는 여러 책들이 근래 들어 출간되었는데, 그중 몇 가지를 소개하면 다음과 같다.

1) 『하이델베르크 요리문답 학습교재: 그리스도가 이끄는 삶』 (2013).
2) 김헌수, 『하이델베르트 요리문답 강해 시리즈 1-3』 (2015).
3) 총회국내선교부, 『하나님이 세상을 이처럼 사랑하사: 세례자 교재』 (2016).
4) 정요석, 『웨스트민스터 소요리문답, 삶을 읽다(상, 하)』 (2015).

이와 같이 교리와 우리의 삶의 연결됨을 강조하는 '교리문답'에 대한 연구는 최근 프린스턴신학대학원에서 출간되는 잡지 *Theology Today*(2015)에 수록된 부처드(Charles E, Bouchard)가 쓴 논문 "Life in Christ: The New Catechism and Christian Ethics"에서도 찾을 수 있다. 이 논문의 제목은 우리말로 "그리스도 안의 삶: 새로운 교리문답과 기독교윤리"이다. 교리문답을 기독교윤리의 차원에서 조명한 논문으로, 교리문답이 교리의 차원에만 머물러 있어서는 안 되며 우리의 삶과 윤리적 문제에 연결되어야 함을 강조하는 글이다. 이상의 책들의 제목에서 알 수 있듯이 최근의 교리문답에 대한 연구들은 교리와 삶을 연결하는 면을 강조하고 있으며, 이상의 내용을 다시 정리하여 도식화하면 다음과 같다.

교리	와	삶
구원과 믿음의 도리	성령의 능력에 따른 성화	신자의 행함
조직신학적 과제		기독교윤리적 과제
하나님에 대한 신뢰와 믿음		인간과 전 피조물들에 대한 사랑
하나님 사랑	인격의 변화	이웃 사랑 (전도와 사회변혁)

이상과 같이 경직된 교리가 아니라 우리의 삶(life)에 역동성을 주는 교리문답의 의미를 강조한 주요 문항들을 소개하면 다음과

같다. 이 문항들은 우리의 교리가 삶의 실천과 연결되어야 하며, 동시에 기독교의 구원은 천국만을 소망하는 타계적 구원으로 표현되는 것이 아니라, 이 세상에서의 하나님 나라의 구현을 포함하고 있음을 언급한다.

〈성경에 대하여〉에서

문 7: 말씀이 구원에 이르는 데에 효력 있게 하려면 우리는 어떻게 말씀을 읽고 들어야만 합니까?

답: 우리는 기도로 성실하게 준비하여 집중하여 말씀을 읽어야 하며(신 6:5-9; 벧전 2:1-2), 성령님의 조명을 통해(요 14:26) 믿음과 사랑으로 받아들이고(히 4:2), 우리의 마음속에 간직함으로, 삶의 현장에서 그 말씀을 실천해야 합니다(약 1:21-22; 요일 4:20-21).

〈사도신경에 대하여〉에서

문 19: "성도의 교제와"는 무엇을 의미합니까?

답: 성부 성자 성령의 삼위일체적 교제는 하나님과 인간의 교제로 확장되며, 또한 인간과 인간 사이의 교제로 이어집니다(요 17:21-24). 성령님께서는 우리를 복음 설교와 세례를 통하여 거듭나게 하셔서 하나님 나라의 구성원이 되게 하시며, 그리스도의 몸에 속한 지체들이 되게 하십니다(고전 12:12-27). 이와 같이 삼위일체 하나님의 공동체에 참여한 성도들은 하나님의 은혜 안에서 영육 간의 무거운 짐들을 함께 나누면서, 이웃 사랑

과 하나 됨의 삶을 살아야 합니다(시 133:1-3).

〈십계명에 대하여〉에서

문 24: 십계명의 주된 내용은 무엇입니까?

답: 십계명의 앞부분의 네 계명들은 우리의 온 마음과 영혼과 뜻과 힘을 다하여 하나님을 사랑할 것을 명하고 있으며(신 6:5; 막 12:30), 뒷부분 여섯 계명들은 우리가 우리의 이웃들에게 어떤 의무를 가지고 있으며 어떻게 사랑해야 하는지 가르칩니다(마 22:37-39).

〈예배와 성례에 대하여〉에서

문 44: 예배의 두 측면은 무엇입니까?

답: 예배에는 하늘의 하나님께 드리는 찬송과 순종의 제사와 사람을 사랑하여 섬기며 온 피조물들을 보전하는 것으로서의 두 측면이 게재되어 있습니다(히 13:15-16; 고후 9:13). 예배를 통해 우리는 예수 그리스도께서 주신 두 계명인 '하나님 사랑과 이웃 사랑'(마 22:37-40)을 실천하며, 이와 더불어 구약의 율법과 선지자의 강령에 순종하게 됩니다. 예배 행위의 우선은 하나님을 경외하면서(잠 1:7) 그분 앞에 엎드려 드리는 경배로서, 그것은 이웃을 섬기고 세상의 공적인 유익을 위한 봉사로 이어집니다. 우리는 예배를 통해 먼저 하나님의 영광이 빛나도록 자기를 쳐서 복종시키는 자기부정을 보여야 하며, 또한 하나님의 선하시고 기뻐하시고 온전한 뜻을 이웃을 섬기는 삶 속에서 나타

내야 합니다(롬 12:1-2; 마 5:23-24; 약 1:26-27; 마 25:37-40).

〈주기도문에 대하여〉에서

문 60: "아버지의 뜻이 하늘에서와 같이 땅에서도 이루어지게 하소서."는 무엇을 의미합니까?

답: 주님의 말씀에 순종함으로 주님의 거룩한 뜻을 이 땅 위에 성취하고자 하는 성도들의 간구입니다(마 6:33). 주님의 말씀을 준행함으로 자기 스스로 복을 누릴 뿐 아니라, 세상 모든 사람들에게 복을 전달하는 통로가 되는 것이 우리를 향한 하나님의 뜻입니다(창 12:1-3, 22:17-18).

문 66: 마지막으로 우리는 하나님의 나라와 그의 의를 이 땅 위에 실현하기 위하여 무엇을 해야 합니까?

답: 마태복음 6장 31절과 33절은 다음과 같이 언급합니다. "그러므로 염려하여 이르기를 무엇을 먹을까 무엇을 마실까 무엇을 입을까 하지 말라…… 너희는 먼저 그의 나라와 그의 의를 구하라 그리하면 이 모든 것을 너희에게 더하시리라" 세계와 인류를 위해 그리고 온 생태계를 포함한 우주와 하나님의 영광, 곧 그의 나라와 그의 의를 위해 일할 때, 주님께서는 우리에게 필요한 모든 것을 주시리라 믿습니다. 성경은 개인적인 간구를 금하지 않습니다. 다만 '먼저', 곧 첫 번째로 하나님의 나라와 그의 의를 구하라고 합니다. 우리가 이웃을 위해 기도하므로 우리 개인의 모든 문제들도 하나님 앞에서 해결되리라 믿습

니다. 이웃을 사랑하여 그들에게 복음을 전하며 하나님 나라의 구현을 위해 일할 때 하나님께서는 기뻐하십니다.

〈교회의 선교에 대하여〉에서

문 68: 복음전도와 하나님 나라 구현의 관계는 무엇입니까?
답: 기독교의 선교는 복음 선포로서 전도를 중심으로 하며, 사회봉사, 양육, 교제 등을 포괄합니다(마 9:35). 이와 같이 선교가 전도보다 더 넓은 개념이긴 하지만 서로 이분화되어선 안 됩니다. 개인 구원은 그 개인이 처한 사회적 환경과 분리될 수 없으므로 기독교는 그 구원의 내용 속에 개인 영혼의 구원과 함께(롬 5:5-11) 하나님의 나라를 이 땅 위에 구현하는 것을 포괄하고 있습니다(요삼 1:2; 눅 4:43). 복음전도를 통해 믿고 회개하여 세례를 받은 사람들은, 주님의 복음을 전파함과 동시에 온 세상을 아름답게 변화시킬 선교의 책임을 갖습니다.

2) 영성 훈련의 방안으로서의 교리문답

교리문답은 교리의 전수만으로 끝나서는 안 되며, 그것이 우리의 영적인 삶의 고양과 깊이 연결되는 것임을 새로운 교리문답은 강조한다. 새 교리문답에서는 교리문답 속에 영(spirit)의 바람을 불어넣는 것으로 교리의 교육과 함께 그 일이 성령의 역사하심과 연결되어야 함을 말하고 있는 것이다. 교리문답의 교육은 영적 능력을 배제한 문자적인 교육이 되어서는 안 되며 그 속에 성령의 영감과 감동이 있어야 한다. 이런 각도에서 새 교리문답은 교리교육에서의 성령의 임재의 중요성과 그를 위한 방안을 중시하고 있는데 그 내용들을 정리하면 다음과 같다.

문 2: 기독교의 정경으로서 성경은 어떤 책입니까?
답: 기독교의 정경인 성경은 구약 39권과 신약 27권을 합한 66권으로 되어있습니다. 하나님의 말씀인 성경은 하나님의 영감으로 기록된 책으로(딤후 3:16-17; 벧후 1:21), 성경을 바로 이해하기 위해서는 성령님의 조명이 필요합니다.

문 6: 구원을 얻게 함에 있어 말씀을 효력 있게 하는 방편은 무엇입니까?
답: 성경은 하나님의 말씀이신 예수 그리스도를 우리에게 증언합니다. 성령님께서는 성경을 읽는 것과 이것에 근거한 설교를 하나의 효과적인 방편으로 삼으셔서(요 5:39; 롬 10:13-15), 죄를 깨닫게 하시고 회심하게 하시며(행 2:37), 또한 거룩함과 위로로써 우리를 세우셔서 구원에 이르게 하십니다(롬 10:10-13; 엡 2:8-9; 살전 1:6).

문 7: 말씀이 구원에 이르는 데에 효력 있게 하려면 우리는 어떻게 말씀을 읽고 들어야만 합니까?
답: 우리는 기도로 성실하게 준비하여 집중하여 말씀을 읽어야 하며(신 6:5-9; 벧전 2:1-2), 성령님의 조명을 통해(요 14:26) 믿음과 사랑으로 받아들이고(히 4:2), 우리의 마음속에 간직함으

로, 삶의 현장에서 그 말씀을 실천해야 합니다(약 1:21-22; 요일 4:20-21).

문 17: "나는 성령을 믿으며"는 무엇을 의미합니까?

답: 사도신경의 세 번째 단락은 성령 하나님에 대한 고백입니다. 성부와 성자와 함께 영원한 하나님이 되시는 성령님께서는 (고전 2:14) 우리에게 믿음과 생명을 주시며(고전 12:3), 우리를 성화시키시고(고전 6:11), 각종 은사들을 후히 주시며, 몸의 부활과 영생을 주십니다(고전 12:8-11). 성령님께서는 인간과 온 피조세계에 그리스도의 구원 사역을 구체적으로 적용시키시는 분입니다(엡 1:13).

문 19: "성도의 교제와"는 무엇을 의미합니까?

답: 성부 성자 성령의 삼위일체적 교제는 하나님과 인간의 교제로 확장되며, 또한 인간과 인간 사이의 교제로 이어집니다(요 17:21-24). 성령님께서는 우리를 복음 설교와 세례를 통하여 거듭나게 하셔서 하나님 나라의 구성원이 되게 하시며, 그리스도의 몸에 속한 지체들이 되게 하십니다(고전 12:12-27). 이와 같이 삼위일체 하나님의 공동체에 참여한 성도들은 하나님의 은혜 안에서 영육 간의 무거운 짐들을 함께 나누면서, 이웃 사랑과 하나 됨의 삶을 살아야 합니다(시 133:1-3).

문 20: "죄를 용서받는 것과"는 무엇을 의미합니까?

답: 하나님께서는 인간을 하나님의 형상에 따라 선하게 창조하셨지만(창 1:27), 아담을 비롯한 인류는 하나님의 뜻을 저버리고 죄에 빠져 타락하게 되었습니다(창 3:6). 우리 모두 하나님의 명령을 지킬 수 없는 죽을 수밖에 없는 죄인들이 되었습니다(롬 3:9-18). 이런 죄된 인간을 위해 하나님께서는 독생자 예수 그리스도를 보내셨습니다(요 3:16). 예수 그리스도께서는 우리를 위해 십자가에서 돌아가신 후 사흘 만에 부활하셨습니다(행 10:39-41). 우리는 이 같은 주님의 은혜에 의해 믿음을 통하여(롬 1:17) 죄에서 구원받아 죽음으로부터 벗어나게 되며, 성령님 안에서 중생한 존재들로 성화됩니다(롬 8:1-6; 요 3:3). 죄로부터 구원받은 인간은 하나님 앞에서 죄인임에도 불구하고 의인인 존재들입니다.

문 27: 나머지 여섯 계명은 무엇을 의미합니까?
답: 나머지 여섯 계명은 이웃에 대한 의무사항들입니다. 이 여섯 계명들은 이웃 사랑을 강조하는 명령들로, 사적이며 공적인 차원에서 정의와 평화를 실천해야 함을 강조합니다. 제10계명은 앞의 계명들을 요약하고 있습니다. "네 이웃의 집을 탐내지 말라."고 명하시면서, 제6~9계명에서 언급된 욕심내지 말아야 할 것들을 열거합니다(약 1:15). 이웃의 생명과 아내와 재산과 명예입니다(마 5:27-37).
야고보서 1장 15절에는 "욕심이 잉태한즉 죄를 낳고 죄가 장성한즉 사망을 낳느니라"라는 말씀이 있습니다. 마음의 욕심이

우리로 죄를 짓게 하며(마 15:19), 죄의 결과 온갖 불행과 파멸이 인간에게 오게 됩니다. 반면 마음의 덕은 우리로 하여금 선을 행하게 하며, 그러한 선은 우리에게 행복을 가져다줍니다. 우리는 이런 욕심과 죄로부터 자유롭기 위해 하늘의 지혜를 구해야 하며(약 3:17), 성령님 안에서 거듭난 사람이 되어야 합니다(갈 5:16-26).

문 40: 사람은 십계명을 완전히 지킬 수 있습니까?

답: 인간이 타락한 이래로 하나님의 계명을 온전히 지킬 수 있는 사람은 아무도 없습니다(전 7:20; 약 1:14; 요일 1:8). 십계명은 인간이 얼마나 부족한 죄인인가를 보여주는 거울입니다. 중생 후에도 선을 행할 수 있는 힘은 그들 자신에게서 나온 것이 아니며, 전적으로 성령님께로부터 비롯됩니다(빌 2:13, 4:13). 그러나 우리는 선행을 위해 노력해야 하며 하나님께서는 그런 성실하심을 용납하시며 기뻐하십니다(히 6:10; 마 25:20-23).

문 42: 구원을 베푸시는 하나님의 은혜가 우리에게 전해지는 외적인 수단이나 통로는 하나님 말씀과 성례 그리고 기도인데, 그것은 무엇을 의미합니까?

답: 예수 그리스도께서 "아버지와 아들과 성령의 이름으로 세례를 베풀고 내가 너희에게 분부한 모든 것을 가르쳐 지키게 하라."고 하셨습니다(마 28:19-20). 구원의 하나님 은혜가 예수 그리스도에 의해 세상에 선포되었습니다. 그리스도께서 선포하신

은혜의 말씀이 성령님의 역사를 통해 항상 새롭게 전달되는 수단들이 있는데, 말씀선포로서의 설교(행 20:32)와 세례(행 2:38-42)와 성찬(고전 11:23-26)으로서의 성례와 기도입니다(요 16:23-24). 우리는 주님의 교회를 통해 하나님의 은혜를 전달받게 되는바, 설교와 성찬과 기도를 포함하는 예배가 은혜를 전달하며 영성을 훈련하는 핵심 수단입니다. 말씀의 선포와 성례가 바르게 집행되는 곳이 교회로서 이 둘은 진정된 교회의 표지입니다. 이러한 하나님의 은혜가 전달되는 외적 수단들은 택함을 입은 자들에게 그리스도에 대한 믿음을 불러일으켜(요 3:5; 요일 5:7-12), 구원에 이르게 하는 효력이 있습니다.

문 51: 성찬은 무엇입니까?

답: 성찬은 예수 그리스도께서 제정하신 성례입니다. 성찬은 떡이나 빵과 포도주를 먹고 마심으로써, 신자가 그리스도의 살과 피에 참여함으로 서로 하나 되는 성례입니다. 떡과 포도주는 예수 그리스도의 살과 피의 표징으로서, 그가 세우신 새 언약에 따른 것입니다(막 14:22-25; 눅 22:19-20). 성찬식은 먼저 말씀이 육신이 되신 예수 그리스도를 기념하는 것으로, 사람이 떡으로만 사는 것이 아니요 하나님의 모든 말씀으로 사는 것임을 알게 하려는 것입니다(요 1:14, 6:35; 신 8:3; 마 4:4). 다음으로 성찬식은 죄 사함을 얻게 하기 위하여 예수 그리스도께서 흘리신 피를 기념하는 예식입니다(마 26:28; 렘 31:33-34; 히 10:17). 우리는 이 성찬을 통해 장차 하늘나라에서 있을 주님

의 잔치를 미리 맛보는 즐거움을 갖게 되는 것입니다(눅 13:29, 22:30).

성찬 시 떡과 포도주는 그리스도의 살과 피로 변화되는 것이 아니며, 떡과 포도주에 그리스도의 살과 피가 실재하는 것도 아닙니다(요 6:53-57, 63). 부활하신 그리스도는 하나님의 보좌 우편에 계시며, 그리스도의 영인 성령님께서 성찬의 떡과 포도주에 임하실 뿐 아니라 성찬에 참여한 신자들의 마음속에 임하심으로, 그리스도께서 그 떡과 포도주에 실재하심과 똑같은 효력을 갖습니다. 우리는 성령님의 역사 속에서 믿음으로 성찬에 참여하여, 감사함으로 생명의 떡과 포도주를 받게 됩니다.

문 69: 교회의 선교가 성령님의 사역이란 말의 의미는 무엇입니까?

답: 예수 그리스도께서는 부활하신 후 제자들에게 오셔서 숨을 내쉬며 성령을 받으라고 하시면서, 아버지께서 그를 보내신 것 같이 그도 제자들을 보내심을 말씀하셨습니다(요 20:21-23). 이 말씀은 그리스도께서 신자들을 보내시는 선교의 일에 성령님의 역사가 중요함을 언급합니다. 또한 사도행전 1장 8절의 말씀은 "오직 성령이 너희에게 임하시면 너희가 권능을 받고 예루살렘과 온 유대와 사마리아와 땅끝까지 이르러 내 증인이 되리라"라고 말합니다. 이 말씀 또한 선교에 있어 성령님의 역사를 강조하는 말씀으로, 우리는 사도행전에서 사도들의 선교 사역에 함께 하셨던 성령님을 확인하게 됩니다(행 2:4, 4:8-9, 4:31, 8:17, 8:29, 10:19,

10:44, 11:12, 13:2, 16:6).

우리 시대의 유명한 영성신학자인 리처드 포스터(Richard Foster)는 하나님에 대한 수직적 관계가 어떻게 이웃 사랑과 사회변혁의 길로 이어져야 하는가에 대해 말하는데, 다음과 같은 도식으로 설명할 수 있다.

하나님 사랑(믿음)→인격과 품성의 변화(자아의 변화)→삶과 행동에서의 변화(이웃 사랑의 행위)→사회의 변혁(생태 문제를 포괄)

우리는 위의 내용을 다음과 같이 풀어볼 수 있다. 우리가 하나님을 만나 주님을 신뢰하게 되면, 우리의 인격이 변화받게 되고, 그럼으로써 이웃 사랑을 실천하게 된다. 그리고 그를 통해 사회정의를 구현하고 사회를 변혁하며 더 나아가 하나님의 나라를 이 땅 위에 선취(anticipation)하게 되고 역사의 발전을 도모하게 된다는 것이다.

다음의 표에서 보는 대로 기독교의 영성은 수직적 영성과 수평적 영성을 포괄하는데, 금번 제정된 교리문답도 이런 기독교 영성의 기본구조를 잘 반영하고 있다. 우리의 교리문답은 경직된 교리의 진술로서 끝나서는 안 되며 그 안에 기독교의 영적 생활의 문제를 담고 있어야 한다. 주님의 영(spirit)이 활동하시는 교리문답을 만들기 위해, 우리는 리처드 포스터의 영성신학(spiritual theology) 구조를 이 책에 반영하였다.

〈리처드 포스터가 말하는 기독교 영성의 구조〉

	하나님과의 수직적 관계	자아와의 깊이의 관계	이웃과 사회 및 세상에 대한 수평적 관계
방향성	위로 향하는 운동	안으로 향하는 운동	밖으로 향하는 운동
목표	하나님의 현존을 느끼며, 그와 동행하는 삶	기독교인의 삶의 스타일로서의 덕의 함양	이웃 사랑과 세상의 변혁
윤리의 구성 요소와의 관계	바른 가치관과 선에 대한 바른 전망을 가짐; 신 중심적 전망	도덕적 행위자의 덕을 형성함	바른 판별을 통해 선을 바르게 실천함
구체적 목표	삼위일체 하나님과의 교제, 마음의 안식, 하나님에 대한 순종, 하나님 사랑, 성령 충만, 영적 분별력 갖기	자기 부인과 종말적 삶, 감사하는 마음, 겸손한 마음, 사랑의 마음, 욕심의 억제	이웃 사랑과 섬김, 복음전도와 사회정의의 구현, 가난한 자들에 대한 관심, 중보기도, 자발적 가난, 소비지향의 사회와 결별, 계획적 소비, 세계 복음화, 세계 기아와 다국적 기업에 대한 대책, 돈과 권력의 바른 사용
신학적 전통들	관상의 전통 카리스마의 전통	성결의 전통	사회정의의 전통 복음전도의 전통 성육신의 전통
영적 훈련의 중심 수단	예배, 말씀묵상과 성경연구, 관상의 기도, 자연과의 교감, 고독을 받아들임, 금식	자기성찰, 예배, 기도, 침묵, 실천을 통한 인격 향상, 십자가에 대한 묵상	사랑과 섬김의 봉사, 세상에 대한 책임, 베풂, 가난한 자들과 함께함, 서로의 죄를 고백, 용서와 화해, 공동체 생활, 인도 훈련

관련된 기도 유형	위로 향하는 기도	안으로 향하는 기도	밖으로 향하는 기도
사랑의 방식	하나님 사랑	사랑의 마음	이웃 사랑의 행동

이상에서와 같이 20세기 영성신학자 리처드 포스터의 영성은 개인적이거나 하나님과의 수직적 차원의 영성에만 머물러 있지 않으며, 이웃을 향한 수평적 영성과 더 나아가 사회의 구조적 변혁의 문제까지 다루고 있다. 인간은 사회적이고 문화적인 존재로서 한 인간에 관심을 두고 사랑하는 일은 그가 처해 있는 사회적이며 문화적인 상황을 배제하고는 불가능하다.

따라서 오늘날의 교리문답은 개인적 차원에서만 서술되어서는 안 되며 사회적이고 공공적 가치를 담고 있어야 한다. 이런 의미에서 개혁교회가 지향하는 신앙은 공공적 신앙이라 할 수 있다. 이에 이번에 개정되는 교리문답은 전체적으로 공공신학(public theology)적 의미를 강조한다. 이런 공공신학적 입장을 담고 있는 「웨스트민스터 대요리문답」에 대해 연구한 학술논문 하나를 소개한다. 잡지『개혁논총』제39권에 있는 우병훈 교수의 논문으로, "공공신학 교육을 위한 교본으로서 웨스트민스터 대교리문답"이다. 이 글은 공공신학적인 입장에서 교리문답을 조망한 책인데, 참된 그리스도인이라면 그의 신앙고백이 개인적 차원에만 머물러 있어서는 안 되며 공적 영역에서도 드러나야 함을 강조하는 글이다. 특히 「웨스트민스터 대요리문답」은 공공신학의 목적과 방법론에 대한 많은 내용을 포함하는데, 이 논문은 그 공공신학의 목적이 하나님의 영광을 위한 이웃 사랑의 실천임을 주장하고 있다. 또한 성경적 토대에서 세상의 죄를 지적하고 공동체 전체가 합력하여 공적 참여를 통한 실천으로써 사회개혁을 지향해야 함을 웨스트민스터 대교리문답이 강조한다고 언급한다. 이상과 같이 본 교리문답은 공공신학적 취지를 많이 담고 있다. 우리의 신앙은 개인적인 차원에만 머물러 있어서는 안 되며, 사회에 대한 책임을 갖는 공적 신앙이어야 함을 새 교리문답은 곳곳에서 강조하고 있으며, 이는 아래의 내용에서 잘 나타난다.

문 19: "성도의 교제와"는 무엇을 의미합니까?

답: 성부 성자 성령의 삼위일체적 교제는 하나님과 인간의 교제로 확장되며, 또한 인간과 인간 사이의 교제로 이어집니다(요 17:21-24). 성령님께서는 우리를 복음 설교와 세례를 통하여 거듭나게 하셔서 하나님 나라의 구성원이 되게 하시며, 그리스도의 몸에 속한 지체들이 되게 하십니다(고전 12:12-27). 이와 같이 삼위일체 하나님의 공동체에 참여한 성도들은 하나님의 은혜 안에서 영육 간의 무거운 짐들을 함께 나누면서, 이웃 사랑과 하나 됨의 삶을 살아야 합니다(시 133:1-3).

문 27: 나머지 여섯 계명은 무엇을 의미합니까?

답: 나머지 여섯 계명은 이웃에 대한 의무사항들입니다. 이 여섯 계명들은 이웃 사랑을 강조하는 명령들로, 사적이며 공적인 차원에서 정의와 평화를 실천해야 함을 강조합니다. 제10계명은 앞의 계명들을 요약하고 있습니다. "네 이웃의 집을 탐내지 말

라."고 명하시면서, 제6~9계명에서 언급된 욕심내지 말아야 할 것들을 열거합니다(약 1:15). 이웃의 생명과 아내와 재산과 명예입니다(마 5:27-37).

문 35: "도둑질하지 말라."는 제8계명은 무엇을 요구하거나 금합니까?

답: 제8계명은 유형, 무형의 재산을 정당하게 다루며 획득할 것을 요구합니다(레 6:1-7; 잠 10:4). 이 계명은 이웃의 정당한 몫을 정의롭지 못한 방법으로 탈취하는 행위와 불의한 사회구조를 경계합니다. 재물에 대한 욕심은 우상숭배로서(골 3:5; 마 6:24), 우리로 하여금 도둑질을 야기하게 합니다.

문 39: 십계명을 위시한 구약 율법의 국가법으로서의 기본 정신은 무엇입니까?

답: 모세오경에 나타난 구약의 율법은 이스라엘 백성들에게 하나님의 백성으로서 하나님을 바로 섬겨야 하며 지켜야 할 의무가 있음을 강조합니다(신 7:6-11). 구약의 율법은 국가와 공동체를 유지하기 위한 두 가지의 법적 정신에 대해 강조하는데, 그것은 공정한 재판(신 16:18-19)과 약자 보호(신 15:11, 24:19-21)의 정신입니다. 법치국가와 복지국가를 세우는 것을 구약의 율법은 강조합니다.

문 50: 세례의 공동체적 의미는 무엇입니까?

답: 세례받아 그리스도의 지체가 된 성도는 성령님의 역사 속에

서 다른 여러 지체들과 조화와 일치를 이루며 그리스도의 몸을 형성하여 교회를 이루게 됩니다(고전 12:12-13). 교회의 다양한 지체들은 성령님의 각종 은사를 받아 각기 맡은 역할과 기능을 수행함으로써, 교회는 자라고 성장하는 유기적 생명체가 됩니다(고전 12:14-27). 세례공동체인 교회는 마치 '겨자씨'처럼(마 13:31-32) 자라고 성장하며 또 '누룩'처럼(마 13:33) 확산되는데, 이를 통하여 정의와 평화와 생명의 하나님 나라가 교회뿐 아니라 세상 속에서 성취되고 성장합니다(마 6:10).

문 53: 성찬이 가지는 공동체적 의미는 무엇입니까?

답: 성찬은 주님의 살과 피의 표징인 떡과 포도주를 함께 나눔으로써 그리스도의 희생을 기념하며, 성도들이 한 몸을 이루는 유기적 신앙공동체가 되고, 또한 이들이 하나님의 백성으로서 그리스도의 몸인 교회를 이룸을 확인하는 예식입니다(고전 11:18-22). 성찬은 영적 밥상공동체로서 식탁에 함께 둘러앉은 하나님의 백성 모두는 평등한 관계 속에서 떡과 포도주를 나누고 즐기게 됩니다(사 25:6; 계 22:17). 성찬 식탁에 놓인 떡과 포도주에는 하나님께서 베푸신 햇볕과 바람과 구름과 비와 눈 등이 스며있으며 농부의 땀과 수고도 함께 녹아져 있습니다. 성찬은 장차 올 하나님의 우주적 공동체를 미리 축하합니다(눅 22:30).

문 56: 주기도문의 전체적 구조에 대해 설명하십시오.

답: 주기도문은 전체적으로 네 부분으로 나눌 수 있습니다. 하

나님의 이름에 대한 부분, 당신 곧 '아버지'란 단어가 자주 나오는 2인칭 단수 부분, 그리고 '우리'라는 단어가 자주 나오는 1인칭 복수 부분(마 6:11-13)과 마지막 송영 부분입니다. 주기도문은 수직적으로는 하나님 나라와 그 뜻을, 수평적으로는 우리의 필요와 우리의 뜻을 찾는 두 부분으로 구성되어 있습니다.

문 61: "오늘 우리에게 일용할 양식을 주시고"는 무엇을 의미합니까?

답: 일용할 양식을 주되 '우리'에게 달라고 기도자는 간구합니다. '나의' 양식만이 아니라 '우리' 모두의 양식이 관심입니다(요 6:9-13). 우리는 양식뿐 아니라 우리의 모든 것들을 이웃과 나누는 마음으로 살아야 합니다(마 19:21). 자원을 아껴 쓰며 정의로운 사회를 만들기 위해 노력하고 나눔을 실천하여야 합니다.

문 66: 마지막으로 우리는 하나님의 나라와 그의 의를 이 땅 위에 실현하기 위하여 무엇을 해야 합니까?

답: 마태복음 6장 31절과 33절은 다음과 같이 언급합니다. "그러므로 염려하여 이르기를 무엇을 먹을까 무엇을 마실까 무엇을 입을까 하지 말라…… 너희는 먼저 그의 나라와 그의 의를 구하라 그리하면 이 모든 것을 너희에게 더하시리라" 세계와 인류를 위해 그리고 온 생태계를 포함한 우주와 하나님의 영광, 곧 그의 나라와 그의 의를 위해 일할 때, 주님께서는 우리에게 필요한 모든 것을 주시리라 믿습니다. 성경은 개인적인 간구를 금하지 않습니다. 다만 '먼저', 곧 첫 번째로 하나님의 나라

와 그의 의를 구하라고 합니다. 우리가 이웃을 위해 기도하므로 우리 개인의 모든 문제들도 하나님 앞에서 해결되리라 믿습니다. 이웃을 사랑하여 그들에게 복음을 전하며 하나님 나라의 구현을 위해 일할 때 하나님께서는 기뻐하십니다.

문 67: 교회의 선교란 무엇입니까?

답: 선교는 하나님으로부터 특별한 사명을 위해 부르심을 입은 사람들이 이 세상으로 보내심을 받는 것을 뜻합니다(요 20:21; 행 1:8). 선교는 '복음 전도'와 '하나님 나라의 구현'을 목적으로 하는 것으로(마 9:35; 막 1:15), 믿지 않는 사람들에게 복음을 전하여 그들의 영혼을 구원할 뿐 아니라, 이 세상의 모든 인간과 피조물들을 하나님과 화해케 하며(골 1:15-20), 정의와 평화와 창조보전을 이 세상 속에 구현하는 것을 목적으로 합니다(사 11:1-9, 52:7; 시 85:9-10).

이상에서 보는 대로 새 교리문답은 공적 복음의 의미를 담아내려 노력하였다. 「웨스트민스터 소요리문답」에는 부각되어 있지 않지만, 「웨스트민스터 신앙고백」이나, 미국장로교회의 「1967년 신앙고백」, 그리고 1986년에 선포된 본 교단의 「대한예수교장로회신앙고백서」(특히 '제8장 국가' 부분)에서는 교회의 사회적 책임을 말하는 사회교리로서의 내용들을 포함하고 있다. 새 교리문답에 그런 사회적 교리에 대한 내용들을 다루지는 않았지만, 이후 이런 사회윤리적 지침들을 종합하여 본 교단의 '사회신경'을 만든다면 우리의 삶에 보다 녹아내리는 교리적 진술들로 발전시킬 수 있을 것이다. 가정윤리, 교회와 국가, 국제관계, 생명윤리, 환경윤리, 경제윤리, 정치윤리, 노동윤리, 여성, 인권, 문화 등 각 부분에 있어서 기독교 사회윤리적 문제들을 정리하여 사회적 삶의 구체화된 지침으로 삼게 하는 교리서를 만드는 일도 우리 교회에게 남겨진 과제이다.

신자들의 영성은 하나님의 말씀을 읽고 묵상하는 것과, 기도하는 것, 그리고 함께 모여 성도들이 성찬을 나누고 친교하며 예배하는 것을 통해 앙양되는데, 새 교리문답은 이를 반영하기 위해 성경의 중요성과 성찬과 세례의식의 중요성, 친교와 예배의 중요성, 그리고 기도의 중요성에 대해 여러 부분들에서 강조하고 있다. 신자들이 이 교리문답을 읽으며 성령의 임재를 경험하고, 아울러 더 깊은 하나님과의 친교에 들어가게 되기를 소망해 본다.

3) 새로운 교리문답의 중심적 구조로서의 하나님 사랑과 이웃 사랑

이 같은 입장에서 본 위원회는 새로운 교리문답의 전체 구조를 기독교 영성의 골격인 하나님 사랑과 이웃 사랑의 틀로 상정하였다. 새로운 교리문답은 하나님 사랑으로서의 수직적 영성과 이웃 사랑으로서의 수평적 영성을 통합한다. 이에 본 위원회는 사도신경과 십계명, 예배와 예전, 주기도문 등의 내용을 다루며 이 두 가지의 병행적 구조에 주목하였다.

〈사도신경, 십계명, 주기도문에 나타난 이중적 구조〉

	하나님 사랑	이웃 사랑
사도신경	사도신경은 하나님과의 화해와 동시에(하나님 아버지에 대한 믿음과 그리스도를 통한 하나님의 사랑)	이웃 및 전 피조물과의 화해의 의미를 담고 있다(거룩한 공회와 성도의 교제).
십계명	십계명 중의 1~4계명은 하나님에 대한 계명으로서 하나님 사랑이 강조된다.	십계명의 후반부 5~10계명은 이웃에 대한 계명으로서 이웃 사랑이 강조된다.
성례전	〈세례〉 세례받아 그리스도의 지체가 된 성도 〈성찬〉 성찬은 주님의 살과 피의 표징인 떡과 포도주를 함께 나눔으로써 그리스도의 희생을 기념한다.	성령님의 역사 속에서 다른 여러 지체들과 조화와 일치를 이루며 그리스도의 몸을 형성하여 교회를 이루게 된다. 성도들이 한 몸을 이루는 유기적 신앙공동체가 되고, 또한 이들이 하나님의 백성으로서 그리스도의 몸인 교회를 이룸을 확인하는 예식이다.
주기도문	주기도문은 크게 하나님의 이름을 부름, 2인칭 단수 부분, 1인칭 복수 부분, 송영으로 나누어진다. 주기도문의 본체인 하나님(당신)의 뜻이 강조되는 2인칭 단수 부분의 기도는 하나님을 향한 수직적 기도로서 하나님 사랑이 강조된다.	본체 후반의 1인칭 복수 부분은 우리를 향한 기도로서 이웃의 요구와 필요에 응답하는 이웃 사랑의 기도다. 전반부가 하나님의 뜻을 찾는 작업이라면, 후반부는 우리의 뜻, 곧 이웃의 뜻을 찾는 작업이다.

앞서서 우리는 20세기에 가장 영향력이 있었던 영성신학자의 신학적 구조를 파악하였고, 그 내용의 핵심이 수직적 영성과 수평적 영성의 연계라는 것을 알게 되었다. 우리는 수직적 영성과 수평적 영성이란 말을 하나님 사랑과 이웃 사랑이란 말로 다시 표현할 수 있는데, 그러한 기독교 영성의 양 측면을 잘 결합한 예들이 사도신경이요 십계명이며 주기도문임을 다시 확인할 수 있었

다. 본 교리문답은 그런 구조를 확연히 보여주기 위해 노력하였고, 이 같은 각각의 구조에 대한 결정적 언급들이 아래의 문항들에서 나타나고 있다.

〈사도신경의 전체적 구조〉

문 10: 사도신경의 전체적 구조는 무엇입니까?

답: 사도신경은 기독교 교리의 요약입니다. 초대교회의 신앙고백은 두 종류로, 기독론적 신앙고백(마 16:16)과 삼위일체적 신앙고백이 있었습니다(고후 13:13). 사도신경에 삼위일체란 표현은 등장하지 않지만 삼위일체적 신앙고백으로서, 창조주 하나님 아버지, 구속자이신 아들 예수 그리스도, 그리고 구원자 성령님에 대해 고백합니다. 인간의 타락으로 단절된 하나님과 인간 사이의 관계가 그리스도와 성령님을 통한 구원으로 말미암아 화해되었고(고후 5:18-19), 하나님과 인간과 온 피조물들이 서로 간의 교제를 회복하여 하나님 나라를 이루게 됨을 사도신경은 고백합니다(골 1:20).

〈십계명의 전체적 구조〉

문 24: 십계명의 주된 내용은 무엇입니까?

답: 십계명의 앞부분의 네 계명들은 우리의 온 마음과 영혼과 뜻과 힘을 다하여 하나님을 사랑할 것을 명하고 있으며(신 6:5; 막 12:30), 뒷부분 여섯 계명들은 우리가 우리의 이웃들에게 어떤 의무를 가지고 있으며 어떻게 사랑해야 하는지 가르칩니다(마 22:37-39).

⟨주기도문의 전체적 구조⟩

문 56: 주기도문의 전체적 구조에 대해 설명하십시오.

답: 주기도문은 전체적으로 네 부분으로 나눌 수 있습니다. 하나님의 이름에 대한 부분, 당신 곧 '아버지'란 단어가 자주 나오는 2인칭 단수 부분, 그리고 '우리'라는 단어가 자주 나오는 1인칭 복수 부분(마 6:11-13)과 마지막 송영 부분입니다. 주기도문은 수직적으로는 하나님 나라와 그 뜻을, 수평적으로는 우리의 필요와 우리의 뜻을 찾는 두 부분으로 구성되어 있습니다.

주기도문의 주요 몸체는 두 번째와 세 번째의 단락인데, 이 두 단락들을 연결하는 위치에 "하늘에서와 같이 땅에서도"라는 부사구가 있습니다. 이 부사구는 두 번째 단락의 하늘을 향한 기도와 세 번째 단락의 땅을 향한 기도를 묶는 기능을 하면서, 하나님 사랑과 이웃 사랑을 연결합니다(마 22:36-40). 그리고 마지막 부분은 송영으로 하나님에 대한 찬양입니다(대상 29:11-12).

4. 새로운 '교리문답'은 헌법 속의 전통적 신앙고백들과 우리 교단이 1986년과 2001년에 만든 두 가지의 신앙고백을 기초로 작성

우리가 만드는 새로운 교리문답은 헌법에 나타나 있는 기존의 신앙고백들을 존중하며 작성되어야 한다. 「사도신경」(12세기에 서방교회에서 공식 신조로 정착), 「12신조」(1904년 인도장로교회가 채택한 것을 1907년에 세워진 독노회가 채택한 신조), 「웨스트민스터 소요리문답」(1647), 「웨스트민스터 신앙고백」(1647), 「대한예수교장로회 신앙고백서」(1986), 「21세기 대한예수교장로회 신앙고백서」(2001) 등은 우리 교단의 표준교리로서, 본 위원회는 과거로부터 최근까지의 이런 신앙고백서들을 종합하여 본 교리문답의 내용에 습합시켰다.

기존의 소요리문답은 17세기에 만들어진 것으로 그 내용에 있어 사도신경의 표준과 「웨스트민스터 신앙고백」의 내용을 잘 담고 있지만, 새로운 교리문답에는 최근 제정된 「대한예수교장로회 신앙고백서」(1986), 「21세기 대한예수교장로회 신앙고백서」(2001)의 두 가지의 내용을 덧붙여 반영하려 노력하였다. 이에 있어 이형기 교수는 이 두 가지의 신앙고백서가 웨스트민스터적 경직성을 많이 완화시켰다고 언급한 바 있다.

1) 「대한예수교장로회 신앙고백서」(1986)의 내용을 반영

「대한예수교장로회 신앙고백서」는 화해(reconciliation)를 강한 주제로 대두시킨다. 본 고백서의 제3장(예수 그리스도) 3항에 다음과 같은 고백이 있다.

> 성육신 사건은 낮아지심을 의미하는 것이요, 그의 낮아지심은 십자가의 죽음에서 그 극에 이르렀다(빌 2:6-8). 그는 이와 같은 극단의 낮아지심으로 인한 죽음을 통해 만민의 죄를 대속하셨다(막 10:45). 그것은 구약의 속죄제물의 완성으로서 그 자신이 완전한 제물이 되시고, 또 완전한 대제사장이 되시어, 단번으로 영원하신 속죄제사를 드리셨다(히 7:17, 27). 그리스도의 이와 같은 대속의 죽음은 하나님의 공의에 따라 드린 화목제물이었으며(창 2:17; 히 7:22; 요일 2:2; 사 53:11), 범죄로 인해 멀어졌던 하나님과 인간 사이를 화목(화해)케 하셨다

(고후 5:18-19; 엡 2:13-18).

이어 제6장 구원 부분의 1항이다.

우리는 인간의 범죄로 인해 하나님과 격리되고 그 결과, 인간 사이에도 부조화와 온갖 불행의 상태에 놓여졌으나 하나님의 은혜로 인하여 믿음으로 구원받아(엡 2:8), 다시 하나님과 화목하여 그의 자녀가 되고, 구원의 축복을 누리다가 세상의 종말에 부활함으로 우리의 구원이 완성될 것을 믿는다.

제8장 국가 부분 6항에는 이 화해의 문제가 다음과 같이 언급되고 있다.

우리는 분단된 조국이 그대로 계속되는 것이 하나님의 뜻이 아니며, 하나님은 하나가 될 것을 원하고 계심을 믿는다. 그러므로 우리 그리스도인은 민족과 국가가 통일이 되어 전 국토와 온 국민이 하나님을 믿어 구원을 얻도록 전력을 다해야 한다. 하나님은 개인이나 국민이 적대관계에 있는 것을 원치 않으신다. 모든 원수 관계를 없게 하고, 화해의 대업을 성취하신 예수 그리스도를 본받아 우리도 민족을 신앙과 자유의 토대에서 화해케 하고, 이 땅에 평화를 정착시키는 사명을 다해야 한다.

이상과 같이 「대한예수교장로회 신앙고백서」(1986)는 화해(화목)라는 주제를 부각하여 나타낸다. 이에 본 위원회는 새로운 「교리문답」에서 이러한 주제를 다음의 항에 담아 강조하였다.

문 10: 사도신경의 전체적 구조는 무엇입니까?

답: 사도신경은 기독교 교리의 요약입니다. 초대교회의 신앙고백은 두 종류로, 기독론적 신앙고백(마 16:16)과 삼위일체적 신앙고백이 있었습니다(고후 13:13). 사도신경에 삼위일체란 표현은 등장하지 않지만 삼위일체적 신앙고백으로서, 창조주 하나님 아버지, 구속자이신 아들 예수 그리스도, 그리고 구원자 성령님에 대해 고백합니다. 인간의 타락으로 단절된 하나님과 인간 사이의 관계가 그리스도와 성령님을 통한 구원으로 말미암아 화해되었고(고후 5:18-19), 하나님과 인간과 온 피조물들이 서로 간의 교제를 회복하여 하나님 나라를 이루게 됨을 사도신경은 고백합니다(골 1:20).[4]

화해에 대한 주요한 참고문헌을 아래에 실었다. 특히 슈라이터의 책은 화해 문제를 잘 정리한 책 중 하나다.

---

[4] 문 12는 '화해' 대신 '화목'이란 단어를 쓰고 있다.
문 12: "나는 그의 유일하신 아들, 우리 주 예수 그리스도를 믿습니다."는 무엇을 의미합니까?
답: 사도신경의 두 번째 단락은 예수 그리스도께서 참 하나님이시며 참 인간으로서 우리의 중보자가 되심을 말합니다. 그분은 영원 전에 아버지 하나님으로부터 태어나신 하나님의 유일한 아들이십니다. 그분은 예언자, 왕, 제사장의 중보자적 직분을 가지시고(딤전 2:5; 히 9:15) 인류와 우주만물(골 1:20; 엡 1:10)을 하나님과 화목하게 하셨습니다(롬 5:1, 11).

- 칼 바르트(K. Barth)가 주도한 「바르멘 신학선언」은 '화해'를 주제로 한다.
- 「1967년 신앙고백」: 미국장로교회의 신앙고백으로서 화해가 주제이며, 우리 교단에 많은 참조가 되었다.
- WCC 신학에서의 화해 신학
- 「신학연구」제53집(2008, 한신대)에는 '화해'(reconciliation)를 주제로 한 여러 논문이 게재되어 있다.
- Robert J. Schreiter, *Reconciliation: Mission and Ministry in a Changing Social Order*(2000).

2) 「21세기 대한예수교장로회 신앙고백서」(2001)의 내용을 반영

다음으로 우리는 「21세기 대한예수교장로회 신앙고백서」(2001)의 주제를 살펴볼 필요가 있다. 이 신앙고백서는 예배용으로 간단히 요약된 부분이 있는데, 그 내용을 다 실으면 다음과 같다.

1. 우리는, 성부, 성자, 성령 삼위로 거하시며, 사랑과 생명의 근원이시요, 찬양과 예배를 영원히 받으실 한 분 하나님을 믿습니다. 성부 하나님은 창조자이시고, 섭리자이시며, 구원자이시고, 온 인류와 만물을 영원한 사랑과 생명의 교제(코이노니아)로 부르시는 분이심을 믿습니다.
2. 우리는, 하나님의 선한 창조세계가 사탄의 유혹을 받아 죄에 빠져 타락한 인간 때문에 파괴되고, 인간과 하나님과의 교제가 깨어졌음을 믿습니다. 그 결과로 인류와 다른 모든 피조물들은 영원한 하나님의 진노와 심판 아래 있음을 믿습

니다.

3. 우리는, 하나님의 지혜와 말씀으로 영원히 거하시며, 성령님의 역사로 동정녀 마리아를 통하여 성육신 하신 성자 예수 그리스도를 믿습니다. 예수님은 참 하나님과 참 인간으로서, 십자가에 달려 죽으시고 부활하심으로 인간과 모든 피조물을 구속하시고, 하나님과의 영원한 교제를 회복하신 화해자요 중보자이심을 믿습니다.

4. 우리는, 생명의 부여자이시며 성부와 함께 천지를 창조하시고 영원히 예배와 영광을 받으실 성령님을 믿습니다. 성령님은 복음에 대하여 믿음과 소망과 사랑으로 응답하게 하시며, 하나님과의 새로운 교제를 이루게 하시고, 만물을 새롭게 하시는 분이심을 믿습니다.

5. 우리는, 교회가 하나님의 백성이요, 이 세상에 현존하는 그리스도의 몸이요, 성령님의 전임을 믿으며, 성도의 교제 가운데 하나님이 임재하심을 믿습니다. 모든 그리스도인은 하나님의 나라를 이 땅 위에 실현하며, 하나님의 영광을 위하여 예수 그리스도의 성육신의 삶을 실현하고, 복음전도와 정의, 평화, 창조보전의 사명을 받았음을 믿습니다.

6. 우리는, 예수 그리스도의 재림으로 새 하늘과 새 땅이 이루어질 것을 믿습니다. 그 세계는 부활한 하나님의 백성과 새롭게 된 만물이 하나님을 예배하며, 사랑과 생명의 교제를 나누는 영원한 나라가 될 것을 믿습니다.

위에서 보는 대로 이 신앙고백서의 주제는 매우 명확하다. 그것은 바로 '교제'(코이노니아)다.[5] 이 '교제'란 주제는 당시 WCC의 주요 논점 가운데 하나였는데, 세계교회협의회의 신학을 많이 연구하여 온 이형기 교수가 이 주제를 강화한 것이다.

위 두 개의 신앙고백서의 주제를 '화해와 교제'로 간추릴 수 있는데, 그 두 단어의 의미는 상통하는 것이 많다. 양 당사자 간의 진정한 화해 없이 진정한 교제는 불가능하며, 우리 인간은 하나님

---

[5] 위형윤, "코이노니아를 통한 교회일치의 산티아고 문서 분석-제5차 신앙과 직제 세계대회 산티아고 문서 내용을 중심으로"(Analysis on Santiago Paper of the Church Unity Through Koinonia-Based on Santiago Paper in 5th World Conference on Faith and Order), 『신학과 실천』 제31호. 이 책은 WCC 신학에 있어 '코이노니아'란 주제를 다루는데, 그 내용을 요약하면 다음과 같다: 1993년 8월 3~14일까지 스페인 산티아고에서 열리는 제5차 신앙과 직제 세계대회의 주제 "신앙과 생활과 증거에서 코이노니아를 지향하여"의 내용은 획일주의적 일치나 흡수통합식(로마 가톨릭교회)의 일치가 아니라 다양성을 통한 가시적 일치를 말하고 있다. 그것은 단순히 여러 교파들의 다양한 전통들을 하나의 공통 요인으로 축소시키려는 것이 아니고, '모든 교파들이 무엇을 교회의 신앙으로 함께 고백할 것인가?'를 위하여 코이노니아를 통한 신학적인 진리를 탐구하며, 그 목적을 신앙과 생활, 그 증거에서 선교와 사회참여를 이루는 코이노니아에 있다고 하겠다. 사실 이 대회에서 발표하기 전에 1987년 코이노니아에 대하여 신앙과 직제위원회가 WCC 중앙위원회의 요구에 의하여 연구보고서를 제출한 바 있고, 1991년 캔버라 WCC 총회에서 채택된 코이노니아로서 교회일치에 대한 논의가 있었던 점이 산티아고 대회의 중요한 의미가 있었던 것이다. 거기서 논의되었던 성경에 나타난 하나님의 창조 목적은 성령의 능력에 의하여 모든 피조물을 구주가 되시는 예수 그리스도 아래로 모으라는 것이고, 교회는 하나님과의 코이노니아를 미리 맛보고, 기도와 실천을 통하여 하나님의 영광 속에서 인류, 모든 피조물과 코이노니아를 이루라는 것이다. 그래서 교회일치는 사도적 신앙고백, 하나의 세례, 하나의 성찬식, 타교파의 회원권과 직제의 상호인정과 화해, 증거, 섬김에서 코이노니아를 이루는 데에서 하나의 거룩하고 보편적이며 사도적인 교회를 이룩할 수 있다고 보고했다. 위의 주제를 중심으로 하여 서론 및 다섯 개의 장으로 구성되어 있는데, 서론은 변혁의 시대에 새로운 교회의 모습, 제1장은 코이노니아의 이해, 제2장은 하나님의 영광을 위한 공동 신앙고백, 제3장은 그리스도 안에서 공동생활의 나눔, 제4장은 새로운 세계를 위한 공동 증언의 소명, 제5장은 코이노니아를 증진시켜 교회의 신장과 성취, 그 기대라는 구체적인 대안을 마련하였다.

과의 화해와 교제를 통해 그 사랑과 생명의 교제를 이웃과 전 피조물에게 확산할 책임을 가진다. 이에 있어 새로운 교리문답의 위의 문 10은 화해와 함께 교제를 강조하고 있다.

본 위원회는 이런 두 신앙고백서의 주제를 파악하여, 새로운 교리문답의 문 13, 19, 22, 68에 '교제'(koinonia)라는 단어를 삽입함으로써 헌법 책에 나타난 최근의 두 신앙고백의 주제를 담아내려고 노력하였다. 특히 문 19는 이 교제의 문제를 다음과 같이 설명한다.

문 19: "성도의 교제와"는 무엇을 의미합니까?

답: 성부 성자 성령의 삼위일체적 교제는 하나님과 인간의 교제로 확장되며, 또한 인간과 인간 사이의 교제로 이어집니다(요 17:21-24). 성령님께서는 우리를 복음 설교와 세례를 통하여 거듭나게 하셔서 하나님 나라의 구성원이 되게 하시며, 그리스도의 몸에 속한 지체들이 되게 하십니다(고전 12:12-27). 이와 같이 삼위일체 하나님의 공동체에 참여한 성도들은 하나님의 은혜 안에서 영육 간의 무거운 짐들을 함께 나누면서, 이웃 사랑과 하나 됨의 삶을 살아야 합니다(시 133:1-3).

이어 문 22는 이런 교제가 인간과 인간 사이의 교제로 마쳐져서는 안 되며, 온 피조물과의 화해와 교제로 이어져야 함을 말하고 있다. 삼위일체 하나님 내의 교제가 하나님과 인간과의 교제로 확산되고, 그 교제는 또한 인간과 인간의 교제 및 인간과 전 피조물과의 교제로 이어져야 함을 새로운 교리문답은 강조하고 있다.

5. 참조한 주요 자료들

1) 우리 교단의 신앙고백서들(헌법의 제1편 교리 중)

   (1) 교단 헌법 중의 '사도신경'

   (2) 교단 헌법 중의 '12신조'(1904년 인도장로교회가 채택한 것을 1907년에 세워진 독노회가 채택한 신조)

   (3) 교단 헌법 중의 '요리문답'(웨스트민스터 소요리문답)

   (4) 교단 헌법 중의 '웨스트민스터 신앙고백'

   (5) 교단 헌법 중의 '대한예수교장로회 신앙고백서'(1986): 화해가 주제

   (6) 교단 헌법 중의 '21세기 대한예수교장로회 신앙고백서'(2001): 코이노니아가 주제

2) 두 번째의 참조자료들은 우리 교단을 비롯한 다른 주요 교단들의 세례문답집이다. 장로교회의 문답집들은 소요리문답을 근간으로 하여 오늘에 맞게 개정한 것들이다.

   (1) 교리교육지침서편찬위원회. 『교리교육 지침서』(지도자용). 서울: 한국장로교출판사, 1994.

   (2) 합동 측의 『학습 세례 문답서』(개정판)와 김서택의 『학습 세례 문답 해설서』

   (3) 기타 본 교단 『대한예수교장로회총회 헌법』 제1편 교리 속에 포함된 내용들: 「대한예수교장로회 신앙고백서」(1986), 「21세기 대한예수교장로회 신앙고백서」(2001).

   (4) 대한예수교장로회총회교육부 저. 『세례문답집』. 서울: 한

국장로교출판사, 2001.

(5) 대한예수교장로회총회교육부 저. 『아동세례문답집』. 서울: 한국장로교출판사, 2021.

(6) 대한예수교장로회총회교육부 저. 『미국 연합장로교회 헌법 제1부: 신앙고백집』(1983). 이 책은 다음 신앙고백들에 대해 서술한다.

- 니케아신조
- 사도신조
- 스코틀랜드 신앙고백(1560년, 존 녹스)
- 하이델베르크 요리문답
- 제2 스위스 신앙고백(1566년, 요한 하인리히 불링거): 언약이 주제
- 웨스트민스터 신앙고백
- 소요리문답서
- 발멘 신학선언(1934년, 칼 바르트): 나치에 저항하는 신앙고백
- 1967년 신앙고백: 화해가 주제, 하나님의 화해사역과 교회의 화해사역(인종차별, 국제적 갈등, 가난, 성적 타락 등 사회교리를 포함하는 것이 특징이다.)

3) 어린이들을 위한 쉬운 교리문답 해설서들

(1) 정준모. 『어린이 청소년 교리문답 탐구』. 서울: 목양, 2012.
(2) 최창수. 『십대를 위한 소요리 성경공부 1-2』. 서울: 생명의말씀사, 2017.

(3) 김태균.『카툰 묵상 소교리문답』. 서울: 세움북스, 2021.

(4) 백금산.『만화 웨스트민스터 소교리문답 1-2』. 서울: 부흥개혁사, 2010.

(5) 김태희 글, 윤상아 그림.『어린이 소요리문답 컬러링북』. 서울: 세움북스, 2019.

(6) 편집부 글, 강한나 그림.『내 손에 쏙, 웨스트민스터 소요리 문답』. 서울: 마음지기, 2017.

(7) 김우영(만화가) 글, 그림.『똥딴지 작가 김우영의 만화 소요리문답』. 서울: 비전북, 2014.

(8) 테리 L. 존슨.『교리교육이 우리 아이를 살린다』. 서울: 생명의말씀사, 2015.

(9) Rodney L. Rathmann. *My First Catechism: An Illustrated Version of Luther's Small Catechism*. Concordia Publishing House, 2005.

(10) Rodney L. Rathmann. *My First Catechism, Activity Book*. Concordia Publishing House, 2005.

(11) G. I. Williamson. *Catechism for Young Children: An Introduction to the Shorter Catechism, revised edition*. Great Commission Publications, 1991.

(12) J. I. Packer and Joel Scandrett. *To be a Christian: An Anglican Catechism* (Approves Edition). Crossway, 2020.

(13) Caroline Weerstra and Thomas Trouwborst. *Westminster Shorter Catechism for Kids: Workbook 1-8*,

2nd edition. Common Life Press, 2013. (여러 권으로 되어 있음)

4) 뉴시티 교리문답(팀 켈러 등이 참여한, New City Catechism) 외

(1) 복음연합, 리디머장로교회.『뉴시티 교리문답』. 서울: 죠이선교회, 2018.

(2) 리디머장로교회.『뉴시티 교리문답 해설』. 서울: 죠이선교회, 2018.

(3) 리디머장로교회.『뉴시티 교리문답 키즈 영한대조』. 서울: 죠이선교회, 2019.

(4) 리디머장로교회.『뉴시티 교리문답 커리큘럼 세트』. 서울: 죠이선교회, 2018.

(5) 리디머장로교회.『뉴시티 교리문답 키즈』. 서울: 죠이선교회, 2018.

(6) 리디머장로교회.『뉴시티 교리문답 커리큘럼 인도자 가이드 1-3』. 서울: 죠이선교회, 2018.

(7) 리디머장로교회.『뉴시티 교리문답』. 서울: 죠이선교회, 2018.

(8) 리디머장로교회.『뉴시티 교리문답 커리큘럼 자료집』. 서울: 죠이선교회, 2018.

(9) 크레이그 반즈.『오늘을 위한 하이델베르크 교리문답』, 장호준 역. 서울: 복있는사람, 2016.

(10) 토머스 왓슨.『웨스트민스터 소요리문답 해설』, 이훈영 역. 서울: CH북스, 2019.

(11) 임계빈.『한국교회 신앙고백으로서의 사도신경』. 서울: 엘맨출판사, 2020.

(12) 황재범.『개혁교회 3대 요리문답』. 서울: 한들출판사, 2013.

(13) 나채운.『주기도·사도신경·축조』. 서울: 성지출판사, 2001.

(14) 정두성.『키워드 카테키즘: 10개의 키워드로 교리문답 완벽정리』. 서울: 세움북스, 2019.

(15) 김서택.『이야기 교리 산책』. 서울: 대한예수교장로회총회, 2010.

(16) 제임스 B. 그린.『웨스트민스터 표준문서 대조해설: 신앙고백서, 대요리문답, 소요리문답 대조해설』. 서울: 성광문화사, 1980.

(17) 조셉 파이파.『웨스트민스터 신앙고백 & 교리문답 스터디북』, 소을순 역. 서울: 부흥과개혁사, 2011.

(18) 주교회의교리교육위원회.『한국 천주교 교리 교육 지침』 (개정판). 2021.

(19) 정두성.『교리교육의 역사』. 서울: 세움북스, 2016.

5) 디지털 자료들

(1) 본래의 웨스트민스터 소요리문답 본문(*The Westminster Shorter Catechism*, 1646-1647, 현 우리의 요리문답): http://www.reformed.org/documents/wsc/index.html?_top=http://www.reformed.org/documents/WSC_frames.html

(2) 현대 영어로 소요리문답을 쉽게 풀어쓴 것(*The Westminster Shorter Catechism in Modern English by Douglas F. Kelly and Philip Rollinson*): http://learnscripture.net/catechisms/WSCME/

(3) 미국장로교회의 『신앙고백서』(*BOOK OF CONFESSIONS*): https://www.pcusa.org/site_media/media/uploads/oga/pdf/boc2014.pdf

(4) 미국장로교회(PCUSA)의 소요리문답에 대한 새로운 개정 내용: https://www.pcusa.org/site_media/media/uploads/theologyandworship/pdfs/biblical.pdf

(5) 현대 영어로 번역한 웨스트민스터 소요리문답(*The Westminster Shorter Catechism in Modern English with Scripture Proofs and Comments*): http://matt2819.com/wsc/#1-3

(6) 아이들을 위해 쉽게 번역한 웨스트민스터 소요리문답 (*Doctrinal Catechism: Catechism for Young Children*): http://gdsmedia.org/freedownloads/04_cat_for_young_en.pdf

(7) 스코틀랜드 교회의 요리문답서(The Scotch Catechisms): https://www.ccel.org/ccel/schaff/creeds1.ix.vii.v.html

(8) 한국가톨릭주교회의 교육기관: 가톨릭교리 통신교육회: https://www.cdcc.co.kr/main/main.asp

제3장
교리교육 활성화를 위한 제안

1. 새로운 교리문답의 교육을 위해 발간이 시급한 책들

1) 유아세례와 아동세례와 아동성찬에 대한 신학적 이해
2) 어린이들을 위한 '21세기 대한예수교장로회 교리문답' 교육서
3) 입교·세례자 교육서
4) 입교·세례자 문답서
5) 「21세기 대한예수교장로회 교리문답」 어떻게 만들어졌나?

2. 이후 교리교육을 위해 발간할 책들

1) 웨스트민스터 소요리문답의 번역상의 논점을 검토하고 새

로운 번역을 추진
2) 총회 헌법 책에 있는 각 신앙고백서에 대한 표준적 해설집
3) 새로운 교리문답에 따른 세례자 교육 지침서
4) 개혁교회의 주요 신앙고백서 해설집
5) 국내 주요 교단들의 표준적인 신앙고백서들을 비교 분석 (장로교, 감리교, 성결교, 침례교, 순복음 등)
6) 어린이를 위한 쉬운 교리문답 동영상 교육자료(액티비티 포함)
7) 교단 내 각 교회들이 가진 기독교의 복음 제시에 대한 교육 자료들을 모아 오늘날에 맞는 표준적 초신자 교리교육 교재를 제작
8) 새 교리문답에 의거한 초신자들을 위한 바이블스터디 교재를 마련: 성경과 함께 하는 교리교육(Catechism with Bible)
9) 복음 제시(evangelism) · 제자 훈련(discipleship) · 리더십 훈련(leadership), 이 세 가지를 기본으로 한 표준적인 평신도 교육자료
10) 신학대학 수업을 위한 신조학 개정판
11) 미션스쿨(중고등학교) 및 학생들을 위한 기독교의 교리를 알기 쉽게 소개하는 책

3. 기타 출간이 필요한 책들

1) 사회교리 교육서
2) 사회봉사 교육서
3) 예배에 대한 이해

4) 세례에 대한 이해

5) 성찬에 대한 이해

6) 성직에 대한 이해

7) 당회와 제직회, 공동의회에 대한 이해

8) 목회자와 평신도의 바람직한 관계

9) 목회자의 청빙과 퇴임에 대하여

10) 신자들을 위한 교리교육 과정 프로그램

11) 목회자들을 위한 교리교육

12) 교리교육과 헌법의 연계

13) 청소년을 위한 교리교육

14) 교리교사 양성훈련 교재

제4장
기독교의 핵심 교리와 사도신경에 대한 개괄적 이해

　이후의 4, 5, 6, 7장에서는 사도신경, 십계명, 주기도문, 그리고 예배에 대한 개신교의 핵심 교리의 구조에 대해 설명하려 한다. 이 책의 토대가 되는 교리적 구조로서 이 같은 이해에 따라 본 교리문답이 구성된 것이다.

> **사도신경**
>
> 나는 전능하신 아버지 하나님, 천지의 창조주를 믿습니다.
>
> 나는 그의 유일하신 아들, 우리 주 예수 그리스도를 믿습니다.
> 그는 성령으로 잉태되어 동정녀 마리아에게서 나시고,

본디오 빌라도에게 고난을 받아 십자가에 못 박혀 죽으시고,

장사된 지 사흘 만에 죽은 자 가운데서 다시 살아나셨으며,

하늘에 오르시어 전능하신 아버지 하나님

우편에 앉아 계시다가,

거기로부터 살아 있는 자와 죽은 자를 심판하러 오십니다.

나는 성령을 믿으며, 거룩한 공교회와 성도의 교제와

죄를 용서받는 것과 몸의 부활과 영생을 믿습니다. 아멘.

1. 신학서론

조직신학은 보통 일곱 부분으로 나누어진다. 신학서론, 신론, 기독론, 성령론, 인간론, 교회론, 종말론이다. 신학서론은 신학방법론의 문제를 다루는 것으로 신앙론, 성서론 등의 문제가 다루어진다. 신앙론은 신앙과 이성의 관계를 다루는데, 신학에서 이성의 역할이 무엇인지 검토하는 내용으로 구성된다. 가톨릭교회에서 이 신학서론은 기초신학(fundamental theology)으로 불리기도 한다. 신학함에 있어 이성의 역할을 적극적으로 보는 입장에선 신학을 조직신학(systematic theology)이라 부르며, 이성의 역할을 소극적으로 생각하는 입장에선 신학을 교의신학(dogmatic theology)이라 부르기도 한다. 조직신학은 신학을 전개함에 있어, 이성의 역할과 철학의 역할을 적극적으로 생각한다. 당대의 철학적 입장에서 기독교의 가르침을 재구성하려는 노력이 조직신학으로 나타나는 반면, 교의신학은 신학함에 있어 철학의 방법론을 사용하기

보다는 성경이 말하는 바를 있는 그대로 설명하려 노력한다.

신학에 있어 선포적 신학(kerygmatic theology)과 변증적 신학(apologetic theology)이란 구분이 있다. 선포적 신학은 당대의 사상적 맥락을 중요시하지 않는 반면, 변증적 신학은 기독교의 메시지를 당대의 상황을 고려하여 선포하려는 신학이다. 교회적 신학(ecclesial theology)과 공공신학(public theology)이란 구분도 있다. 교회적 신학이란 교회만을 위한 신학을 중시하는 반면, 공공신학은 교회 밖에 있는 사람들도 설득하려는 신학을 말한다. 이에 있어 공공신학은 일면 공동 도덕(common morality)의 입장과도 맞물린다.

가톨릭교회는 개신교보다 비기독교인과의 대화를 중시한다. 가톨릭교회는 인간의 이성에 대해 개신교보다 더 많은 지위를 부여한다. 인간을 전적으로 타락한 존재로 보기보다는, 타락 후에도 어느 정도 이성의 적극적인 기능이 남아 있음을 강조한다. 가톨릭교회는 특히 기독교인과 비기독교인의 대화를 가능하게 하는 윤리적 통로로서 자연법(natural law)의 문제를 강조한다. 가톨릭교회는 인간이 타락한 후에도 인간의 이성과 양심에 따른 법이 살아남아 있다고 보면서, 기독교인과 비기독교인이 이 부분을 공유하고 있다고 여긴다.

그러면 개신교의 신학은 이성을 무시하며, 비기독교인과의 의사소통을 전적으로 거부하는가? 그렇지 않다. 개신교도 인간이 기독교인이든 비기독교인이든 모두 하나님의 피조물이라는 것을 인정하며, 창조론에 기반을 둔 공동의 장을 갖고 있다. 비기독교인은 중생하지 않은 눈으로 하나님의 특별한 계시의 내용을 알아볼 수는 없어도, 그 계시가 인간의 본성에 위배되는 것이 아니며, 인간의 본성에 기초한 인간의 행복에 관여되어 있는 것임을 파악할 수 있다. 즉, 성경의 삶에 대한 명령들은 인간의 본성적 행복을 위배하는 내용이 아니며, 인간의 본성에 깊이 연관되어 있는 것이다. 그러므로 우리는 이 같은 기독교 교리와 삶의 연관성을 결코 무시해서는 안 된다.

	계시와 함께 인간 이성의 역할을 강조	계시의 측면을 강조
영어	systematic theology	dogmatic theology(dogmatics)
한글	조직신학	교의신학(교의학)
주안점	철학의 틀거리로 교의 정리	교리를 체계화
	철학의 틀거리 강조	성경의 내용 강조
	일반학문 많이 언급 (apologetic theology)	성경만 선포 (kerygmatic theology)
	상황(situation)에의 강조	성경의 메시지의 일방적 선포

2. 신론

신론에 대한 논점의 핵심을 간추린 라틴어 단어가 있다. 'Deus absconditus et Deus revelatus'이다. 우리말로 번역하면, '숨어 계신 하나님, 계시된 하나님'이 될 것이다. 하나님은 인간의 이성과 유한성을 초월하는 숨겨진 하나님임과 동시에 우리 속에 내재하시는 드러난 하나님이라는 의미이다. 그것은 초월신과 내재신의 문제와 연결되는데, 일종의 유신론(theism)과 범신론(pantheism)의 문제로도 다루어진다. 유신론은 인간을 초월하여 있는 유일한 신의 모습을 강조하며, 범신론은 이 세상에 편만하여 인간에 깊이 관여되어 있는 신의 모습을 그린다.

　기독교의 신론은 초월적인 신의 모습을 강조함과 동시에 성육신하신 그리스도와 우리 속에 계시는 성령의 모습을 함께 말한다. 기독교의 그것은 종교학에서 거론되는 유일신론과 다신론의 입장을 넘어서는 것으로서의 삼위일체적 신 개념을 강조한다.

　이 같은 기독교의 신관은 우리의 삶의 실천에 많은 영향을 준다. 하나님은 우리의 이성을 초월하신 분으로 우리가 알 수 없는 분임과 동시에 스스로를 우리에게 계시하심으로써 우리에게 알려지신 분이기도 하다. 하나님께서 우리에게 알려질 수 있다는 것과 알려질 수 없다는 전제는 절대적인 진리 인식이 가능한가 아니면 불가능한가의 문제로 직결된다. 토대주의(foundationalism)의 입장에선 절대적 진리 인식이 가능하다고 말하는 반면, 탈토대주의(postfoundationalism)의 입장은 그것을 부정한다. 또한 탈근대주의의 입장은 이 두 가지의 견해를 종합하고 있다. 이에 있어 기독교의 입장은 다음과 같이 정리된다. 인간이 계시를 받지 않은 상태에선 절대적 진리에 다다를 수 없지만, 하나님이 우리에게 주신 성경의 계시를 통해서는 절대적 진리 인식이 가능하다. 곧 우리에게 주어진 계시가 절대 진리로의 접근 가능성을 준다는 것이다.

　이 문제는 삶에서의 실천, 곧 윤리적 논의로 직결된다. 절대적 윤리 규범이 가능한가에 대한 논의이다. 이것은 우리에게 변치 않는 절대 의무가 존재하는가에 대한 문제이기도 하다. 또한 우리가 선을 행해야 하는 것이 절대 의무에 대해 묻는 윤리적인 의무들의 절대성에 대한 검증 문제도 대두된다. 신이 우리를 넘어 초월한 위치에만 자리하고 있다면 인간의 절대에 대한 접근은 불가능하겠지만, 하나님께서 스스로를 계시하셨기 때문에 우리는 그 빛을 따라 변치 않는 진리에 도달할 수 있을 것이다. 하지만 우리는 그러한 초월적 진리에 대한 인식 가능성을 말하면서도, 그것을 인지하는 인간의 능력의 한계성을 줄곧 의식할 필요가 있다. 우리의 절대에 대한 파악은 그 절대의 진리를 드러내는 계시의 빛 안에서 끊임없이 조망되어야 하며, 인간 자신 안에 있는 절대에 대한 주장이 되어서는 안 되고, 하나님의 계시의 빛이 드러내 주는 절대 진리에 대한 인식임을 기억해야 한다.

	하나님의 초월성을 강조	드러난 하나님을 강조
라틴어	Deus absconditus	Deus revelatus
영어	concealed God	revealed God
한글	숨겨진 하나님	드러난(계시된) 하나님
주안점	초월신(알 수 없는 하나님)	내재신(우리 속에 계신 하나님)
	하늘에 계신	우리 아버지
	일신론(유신론)	종교학적으로 다신론(범신론)
	삼위일체(trinity, 셋이면서 하나) 신관/ 보일 듯이 보이지 않는(신앙의 길)	

3. 기독론

기독론의 문제는 보통 'vere Deus vere homo'라는 라틴어로 집약된다. 이는 '참 하나님 참 인간'이란 의미로 기독론이 가지는 역설을 드러낸다. 예수 그리스도는 참 하나님이며, 동시에 참 인간이시다. 이 같은 역설은 그리스도의 성육신 사건에서 드러났다.

성육신은 하나님이 인간의 몸을 입고 이 세상에 오셨음을 의미한다. 하나님과 인간의 하나 됨, 마음과 몸의 하나 됨, 정신과 물질의 하나 됨이 성육신의 사건에서 나타난다.

성육신의 사건은 우리에게 헬라적 이원론 사상이 그릇된 것임을 가르친다. 그리고 정신과 물질 중에서 정신이 더 중요하므로, 물질을 버리고 정신에 귀의하는 것이 구원임을 주장하는 헬라적 영지주의 사상은 이미 기독교에서 이단으로 규정되었다. 또한 기독교는 물질을 버리고 영만을 취하는 영성주의를 부정한다. 오히려 마음과 함께 몸을, 정신과 함께 물질을, 하늘과 함께 땅을, 인격과 함께 비인격적 존재 전반을 아우르고 있다. 그러므로 우리는 인간의 구원을 타계적인 영으로서의 구원으로 환원해서는 안 된다. 우리의 영이 잘 됨같이, 우리의 육체도 건강하게 행복을 누리며 살 것을 기독교는 강조한다.

	신성(divinity) 강조	인성(humanity) 강조
라틴어	vere Deus	vere homo
영어	true God	true man
한글	참 하나님	참 인간
주안점	알렉산드리아 학파(동방교회)	안디옥 학파
	가현설(docetism)	양자론(adoptionism)
	그리스도	예수
	성령으로 잉태, 동정녀 마리아에게서, 다시 사심	나심과 죽으심

4. 성령론

성령론에 있어 중요한 논쟁점 중의 하나로 우리는 '필리오케'(filioque) 논쟁을 많이 거론하곤 한다. 11세기 당시 동방교회는 성령님이 아버지에게서만 나온다는 단일발출(single procession)설을 강조하였던 반면, 서방교회는 성령님이 아버지와 아들로부터 나온다는 이중발출(double procession)설을 말하였다. 여기에서 '와 아들'이란 부분을 라틴어로 표현하면 filioque(and the Son)가 되는데, 서방교회가 성령님이 성부 하나님과 성자 예수 그리스도에게서 동시에 나옴을 강조한 것으로부터 필리오케 논쟁이 시작되었다. 이중발출에서 'and the Son'의 'and'는 합집합(or, 또는)을 함의하는 것이 아니며 교집합(공통집합)을 나타낸다.

서방교회는 성령님이 아버지와 동시에 아들로부터 나왔다고 말한다. 아버지 하나님으로부터 발출하는 성령님은 예수 그리스도, 곧 하나님의 말씀(the Word of God)으로부터 발출한다는 의미이다. 이는 다시 말해 하나님의 말씀으로서의 성경 이외의 곳에서 성령님을 받을 수 있는 길은 없음을 말하고 있다. 동방교회는 성경 이외의 부분에서도 성부 하나님으로부터 발출하는 성령님을 경험할 수 있는 길을 열어놓은 반면, 서방교회는 그럴 가능성을 차단한 것이다. 이런 각도에서 볼 때 서방교회는 성령의 역사를 성경, 곧 인간의 이성적인 기능과 깊이 연관되는 것임을 강조한 반면, 동방교회는 그런 성경을 통한 이성적인 성령님에 대한 경험 이외에 하나님이 창조하신 자연 속에서도 하나님을 경험할 가능성을 열어놓게 되는 것으로, 이런 입장은 열광주의적 성령 경험의 길을 열어놓을 가능성이 있다고 설명되기도 한다.

이 같은 '필리오케' 논쟁은 1054년 동서방교회 분열에 일조하였는데, 이에 있어 요한복음 15:26은 성령의 발출 문제를 "내가 아버지로부터 너희에게 보낼 보혜사 곧 아버지께로부터 나오시는 진리의 성령……"이라고 표현한다. 이 본문은 성령님이 아버지로부터 나오는 것임을 분명히 하고 있으며, 그 성령님은 예수 그리스도께서 보내시는 영으로서도 언급된다. 성령님은 아버지로부터 나오는 것이라고 말함과 동시에 예수 그리스도를 하나님으로부터의 성령을 인간들에게 보내시는 분으로 묘사하고 있는 것이다. 성령님은 성부 하나님으로부터 나오는 것이지만, 그 성령님은 예수 그리스도와의 관계성 속에서 우리에게 오시는 분임을 이 성경 말씀을 통해 배우게 된다. 우리는 성부, 성자, 성령이 동일 본질이심을 믿으며, 이 세 분의 관계성 속에서 인간의 구원이 이루어지는 것임을 믿는다.

	filioque(필리오케, and the Son) 논쟁 ex patre filioque(아버지와 아들로부터)	
영어	from the Father(동방교회), 아버지로부터	from the Father and the Son (서방교회), 아버지와 아들로부터
신조	the Holy Ghost …… who proceedeth from the Father (니케아-콘스탄티노플 신조)	
한글	아버지로부터 발출(단일발출)	아버지와 아들로부터 발출(이중발출)
주안점	아버지로부터 나온 성령은 모두 아들(성경)로부터 나온다. 성경 이외에서 성령을 받을 수 없다.	
	직접적 경험을 터놓음	이성적 종교로 만듦

주안점	pneuma-Christology(영 기독론)	logos-Christology(로고스 기독론)
	예수님 세례 시 성령이 임함	말씀이 육신이 되었다.
	성부로부터, 성자의 보내심을 통한 성령의 발출 (요 15:26)	

5. 인간론

신학적 인간론은 기독교윤리학과 깊은 관계를 갖고 있다. 인간론에 관한 논쟁이 신학사에서 처음으로 야기된 것은 아우구스티누스와 펠라기우스의 논쟁에서부터이다. 아우구스티누스는 인간의 행위를 앞서는 하나님의 선행은총(previnient grace)을 강조한 반면, 펠라기우스는 구원에 있어 인간의 노력이 우선이며 하나님의 은총은 돕는 것뿐이라고 하였다. 이러한 양단의 중재적인 안으로 반(半)펠라기우스주의(semi-pelagianism)가 나왔는데, 그 입장은 하나님의 은총과 인간의 공적이 동행하는 것으로 본다. 로마가톨릭신학은 이에 있어 반펠라기우스주의를 채택했다. 이 같은 가톨릭신학에 반대하여 종교개혁자들이 일어났다. 루터와 칼뱅의 신학은 인간의 전적인 타락과 하나님의 절대적 은총을 강조했다. 곧 아우구스티누스주의로의 환원이라 할 수 있다. 16세기 네덜란드 신학자 아르미니우스(Jacobus Arminius)는 그 같은 종교개혁자들의 신학과 가톨릭신학의 중간 입장을 취하고 있다. 이러한 아르미니우스의 신학은 18세기의 신학자 존 웨슬리(John Wesley)가 이어받았다.

이러한 인간론의 논의와 기독교윤리학은 깊은 연관을 갖는다. 하나님의 전적인 은총이 지나치게 강조되면 인간의 자유의

지는 약해지고, 성화의 약화와 인간의 도덕적 행동의 무력화가 야기될 수 있다. 그러므로 하나님의 절대적 은총에 의한 의인(justification)이 강조되면서, 인간의 도덕적 자율성도 동시에 강조되는 모델이 요청되는바, 그에 대한 논구가 신학적 인간론의 논쟁으로 나타났다고 하여도 무방할 것이다.

결론은 다음과 같다. 하나님의 절대적인 은총과 예정으로서의 섭리가 강조되면서도, 인간의 자유의지의 문제가 약화되지 않는 길을 찾는 것이다. 아우구스티누스는 이 복잡한 문제를 그의 자유(libertas)와 자유선택(liberum arbitrium)이란 용어의 구분을 통해 풀어냈으며, 웨슬리는 선행은총(prevenient grace)이란 개념을 통해 정리하고 있다.[6] 또한 칼뱅은 이 문제를 성령을 통한 그리스도와의 연합(the mystical communion with Christ)이라는 개념으로 해결하고 있다고 볼 수 있다.

감리교 측에서는 칼뱅과 웨슬리의 신학을 다음과 같이 평가한다. 루터와 칼뱅의 개신교 신학은 의인(imputation of righteousness)을 강조하는 신학으로, 가톨릭 신학은 의화(infusion of righteousness)를 강조하는 신학으로 해석된다. 루터와 칼뱅은 우리가 구원을 받은 후에도 의로운 본질을 갖지 못한다고 한다. 신자는 '용서받은 죄인'이다. 용서받고 의로워졌으나 죄지을 가능성이 있는 죄인이라는 말이다. 그러나 가톨릭의 사상은 우리가 구원받은 후에는 의로운 본질을 갖게 된다고 말한다. 개신교의 사상은 구원 후에도 우리가 죄인 된 상태에 있지만, 예수 그리스도의 구속의 은

---

[6] 웨슬리의 선행은총 개념은 아우구스티누스의 그것과 차이가 있다.

혜로 말미암아 의로 여김받을 뿐이라고 한다. 그러나 가톨릭은 구원받은 후 신자에게는 예수 그리스도의 의가 주입된다고 말한다. 이와 같이 루터와 칼뱅은 수동적인 은혜론을 말하는 반면, 가톨릭은 적극적인 은혜론을 주장한다. 이에 있어 웨슬리는 의인의 사상에 기초하여 의화의 사상을 연결하고 있으며, 전가된 성화(imputed sanctification) 사상에서 출발하여 참여된 성화(imparted sanctification) 사상으로 발전시켰다고 평가된다.[7] 그러나 칼뱅에 대한 이와 같은 평가는 일면을 부각한 것으로, 칼뱅을 입장을 충분히 고려한 것이라고 보기 어렵다. 칼뱅은 '그리스도와의 연합'을 그의 성화론에서 매우 중시하였기 때문이다. 우리는 그리스도와의 연합을 통해 성화의 객체임과 동시에 성화의 주체가 된다. 칼뱅의 성화론을 통해 하나님의 주권과 인간의 자율성을 동시에 포괄하였다.

	성선설	성악설
라틴어	simul justus	et peccator
영어	both the just	and the sinners
한글	의인인 동시	죄인
주안점	성선설	성악설
	하나님 형상으로 창조, 은혜로 의인 됨	타락, 모두가 죄인

[7] 김홍기, "존 웨슬리에 의해 완성된 종교개혁 구원론," 『신학과 세계』 제28호 (1994), 92. 참여(impartation)란 하나님의 의에 동참하는 것으로, 하나님과의 본질교류는 아니지만, 그와 속성적으로 교류되는 것을 말한다.

주안점	타락 후에도 이성과 양심 얼마간 보존	전적 타락
	Pelagius, Thomas Aquinas	Augustinus, Luther

6. 교회론

교회론의 주요 논점 중 하나는 '보이는 교회'(visible church)와 '보이지 않는 교회'(invisible church)에 대한 주장이다. 보이는 교회는 사도적 전승을 계승하고 있는 통시적(diachronic)이고 수평적인 교회를 강조한다. 반면 보이지 않는 교회는 공시적(synchronic)이며 수직적인 교회이다. 수직적 교회론으로서의 공시적 교회론은 사도적 전통을 가진 교회를 강조하기보다는 성령의 수직적 역사하심을 더 강조한다. 사도적 전승을 가진 교회보다는 성령의 능력이 역사하는 교회가 중요하다는 것이다.

이 같은 교회론의 차이는 우리의 삶에서 실천에 많은 영향을 미치게 된다. 통시적 교회론을 강조하는 입장에선 윤리적 규범으로서의 교회의 전승을 강조하지만, 공시적 입장의 교회론은 교회가 제시하는 전통적 규범보다, 성경에서 역사하는 성령의 인도하심이 강조된다. 이런 의미에서 가톨릭교회는 개신교회보다 교회론에 있어서 통시적인 입장을 더 견지하고 있다고 볼 수 있다.

	Ecclesia visibilis et invisibilis: 보이며 보이지 않는 교회	
	보이는 교회	보이지 않는 교회
영어	the visible church	the invisible church

라틴어	Ecclesia visibilis	Ecclesia invisibilis
한글	보이는 교회	보이지 않는 교회
구분	수평적 교회	수직적 교회
주안점	이 땅 위의 교회	하나님의 백성으로서의 교회
	흠이 많은 교회	온전한 교회 (하나의 거룩한 사도적 공교회)
	교회의 전통(전승)을 중시	성령의 감동을 중시
	주요 전통적 교회들	오순절 교회

7. 종말론[8]

  종말론 논의의 핵심은 잘 알다시피, '아직 아닌'(not yet)과 '이미'(already)로 표명된다. '아직 아닌'은 헬라어로 '우포'라고 하며, '이미'는 헬라어로 '에데'로 표현된다. 전자의 종말론은 종말이 아직 임하지 않았으며, 미래에 성취될 것이라는 미래적 종말론(futuristic eschatology)의 입장을 취한다. 반면 후자의 종말론은 종말이 그리스도의 초림과 함께 이미 우리에게 임하였음을 강조한다. 이러한 주장을 보통 실현된 종말론(realized eschatology)이라고 부른다. 오늘날에 이르기까지 있어 왔던 많은 종말론적 견해들은 이 두 가지 주장을 혼합한 것이었다. 예를 들어, 시작된 종말론(inaugurated eschatology)은 종말이 그리스도의 초림과 함께 시작되었으며 재림에 이르러 그 종말이 완성될 것이라 주장한다.

---

[8] Carl E. Braaten, *Eschatology and Ethics* (Minneapolis: Augsburg, 1974) 참조.

미래적 종말론이 지나치게 강조될 때의 문제는 오늘의 삶의 의미가 약해진다는 점이다. 미래에 재림하는 그리스도와 함께 새 하늘과 새 땅이 도래하여 세상이 온통 바뀌게 된다면, 이 세상을 변혁한다거나 이 세상을 위해 노력하는 것은 아무 쓸모없는 것이 된다. 그리하여 미래적 종말론은 현세의 삶을 무기력하게 하는 단점을 갖는다. 이와 반대로 실현된 종말론이 지나치게 강조될 경우, 이미 종말이 실현되었으므로 우리 스스로가 이 땅에서 하나님 나라를 건설할 수 있다는 유토피아니즘(utopianism)적인 생각에 빠지기 쉽다는 점이다. 그러나 기독교의 교리에 따르면 이 세상에 이상적인 나라를 건설하는 것은 불가능하며, 온전한 하나님 나라는 그리스도의 재림을 통해서만 성취된다.

이상과 같이 미래적 종말론은 역사관이나 인간론에 있어 비관적인 입장을 취하며, 반면에 실현된 종말론은 낙관적 입장으로 기울어진다. 이에 있어 기독교의 인간과 역사에 대한 이해는 낙관적이면서 동시에 비관적인 것으로 '의인이면서 동시에 죄인'이란 명제로 표현될 수 있음을 앞에서 언급했다. 마지막 때에 결국에는 모두 다 멸망할 것이기에 이 세상을 변화시킬 필요가 없다든지, 반대로 미래의 종말을 기대할 것 없이 이 땅에 이상적인 나라를 건설하자고 하는 양극단적인 주장은 올바른 기독교적인 입장과는 다른 것이다. 기독교의 가르침은 이 세상에서의 삶의 의미를 부정하지 않으며, 또한 우리의 노력으로 이 땅에 하나님의 나라를 건설할 수 있다는 만용도 인정하지 않는다. 우리 기독교인은 선취된 주님의 종말을 살며, 장차 도래할 완성된 종말을 바라보면서 오늘의 삶을 경주하는 자들이다.

	미래적 종말론 (futuristic eschatology)	실현된 종말론 (realized eschatology)
헬라어	우포	에데
영어	not yet	already
한글	아직 아니	이미
시점	예수 그리스도의 재림	예수 그리스도의 초림
성경	승천하는 것을 본 그대로 다시 오실 것이다. 영생과 영벌	이미 심판받았다. 믿으면 다시 죽지 않는다.
주안점	비관적 역사론(무디의 신학) 다미선교회	낙관적 역사론(칼 마르크스) 유토피아니즘
	시작된 종말론(inaugurated eschatology) D-Day, V-Day	

8. 교리와 윤리 [9]

비츠(Waldo Beach)는 기독교윤리학의 분야를 일곱 가지로 분류한 바 있다.[10] 윤리이론의 중요 유형들에 대한 고찰, 로마 가톨릭과 개신교의 윤리, 권위의 위치, 마음의 변화와 사회변화, 그리스도와 문화에 대한 연구, 오늘날의 개신교 윤리학, 개신교 윤리학과 세속적인 도덕철학의 일곱 개 분야이다. 위의 분야들에서 볼 수 있듯이 기독교윤리학은 기독교신학, 철학, 사회과학 등과 밀접히 연관되어 있다. 기독교윤리학은 기독교신학에 기반하고 있으

---

[9] 노영상, 『영성과 윤리』, 91-96.

[10] Waldo Beach, *Christian Ethics in the Protestant Tradition* (Louisville: Westminster John Knox Press, 1988), 8ff.

며, 동시에 현실분석의 도구로서의 사회과학을 중시한다. 또한 윤리 서술방법으로 도덕철학의 입장들도 그 속에서 중요하게 검토된다. 기독교윤리학은 신학과 일반 학문의 가교역할을 하며 간학문적인(interdisciplinary) 면이 특징인 폭넓은 학문이다.

다른 신학 분야들과 마찬가지로 기독교윤리학도 타신학 분야들과 밀접히 연관되어 있다. 먼저 기독교윤리학과 조직신학과의 관계에 대해 고찰해 보자.[11] 20세기에 들어서면서 기독교윤리학과 조직신학 두 분야 각각의 전문적인 학자들을 구별할 수 있으나, 그 이전에는 두 신학이 중복되어 있었다. 이 두 분야가 서로 분리된다고 보는 입장과 서로 분리될 수 없다고 보는 두 가지의 견해가 있다. 리츨(A. Ritschl)이나 해링(B. Häring)은 두 분야를 날카롭게 구분하는 편이며, 바르트나 틸리히(P. Tillich)는 두 분야가 내적인 연관성 속에 있음을 강조한다. 전자의 경우 기독교윤리학은 신앙인의 행위에 대해 다루는 반면, 조직신학은 신앙의 내용에 대해 다루며, 조직신학이 하나님의 행위와 하나님의 현실에 대해 다루는 반면, 기독교윤리학은 인간의 행위와 인간의 현실에 대해 다루기 때문에 분리해야 한다고 주장한다. 그러나 후자의 경우에서는 인간의 삶과 행위가 하나님의 말씀에 의해 타당성을 갖게 되므로 서로 연관될 수밖에 없다. 교리는 실천의 바탕이 됨과 동시에 실천을 향해 정위(正位)된다는 점에 있어서 둘은 서로 연관되어 있다. 그러나 오늘날 우리 주변에는 현실에 대한 정확한 평가를 하지 않고는 결정할 수 없는 많은 윤리적인 문제들이 있는바,

---

[11] 김균진, 『기독교조직신학』(서울: 연세대학교출판부, 1985), 67-69.

이를 위해 조직신학에서 기독교윤리학의 분야가 분리되어 연구되는 추세이다.

다음으로 기독교윤리학은 성경을 바탕으로 하는 학문이기 때문에 성서신학과 깊은 연관을 갖는다. 특히 성서윤리의 과목은 성경에 대한 이해가 필수이다. 그러므로 기독교윤리학의 연구를 위해서는 성경과 성서신학에 대한 기본적인 연구가 전제되어야 한다. 다음으로 기독교윤리학은 역사신학과도 깊은 관계가 있다.[12] 기독

---

[12] 기독교윤리사상사를 정리하는 여러 입장들이 있다. 트뢸치(E. Troeltsch)는 교회의 유형에 따라 기독교사회윤리사상사를 정리하였다. 그는 교회 유형, 종파적 유형, 신비주의의 유형, 세 가지로 교회의 경향들을 구분한 바 있다. 롱(Edward L. Long, Jr.)은 그의 책 『기독교윤리의 종합적 연구』에서 기독교윤리를 주지(motif)라는 개념을 이용하여 정리하였다. 그는 숙고적(deliberative) 주지, 규정적(prescriptive) 주지, 관계적(relational) 주지로 기독교 규범의 형성의 차원들을 구분하였다. 또한 제도적(institutional) 주지, 작용적(operational) 주지, 의도적(intentional) 주지로 나누어 윤리적 결단의 이행의 측면을 서술하고 있다. 전자의 주지들은 도덕적 판단을 위한 규범의 형성의 문제에 대한 것이며, 후자의 세 주지들은 규범 적용의 문제, 곧 사회 참여에 대한 기독교인들의 태도에 대한 구분이다.
니버(R. Niebuhr)는 그의 책 『그리스도와 문화』에서 기독교윤리의 유형을 다섯 가지로 구분하였다. 문화에 대항하는 그리스도, 문화 속의 그리스도, 문화 위의 그리스도, 그리스도와 문화와의 역설적 관계, 문화를 변혁하는 그리스도의 다섯이다.
니그렌(Anders Nygren)은 그의 책 『아가페와 에로스』(Agape and Eros)에서 기독교윤리의 유형을 아가페 타입과 에로스 타입으로 구분한 후 그 양자를 종합하는 카리타스(caritas) 타입의 윤리를 제안하였다. 아가페 타입은 은총을 강조하는 윤리이며, 에로스 타입은 인간의 행함을 강조하는 윤리를 말한다.
틸리케(H. Thielicke)는 『신학적 윤리』(Theological Ethics)라는 책에서 성령 중심의 신율적 윤리(theonomous ethics)의 개념을 제시하였다. 규범과 명령을 강조하는 하나님 중심의 윤리와 상황을 강조하는 그리스도 중심의 윤리가 성령을 중심으로 한 윤리에서 극복될 수 있다고 그는 생각하였다.
거스타프슨(J. M. Gustafson)은 『그리스도와 도덕적 삶』(Christ and The Moral Life)에서 기독교윤리를 다섯 가지 모델로 정리하였다. 루터는 예수 그리스도에 의한 칭의를 강조한 신학자로 분류된다. 웨슬리는 성화를, 토마스 아 켐피스는 예수 그리

교윤리사상사는 교리의 역사적 발전에 대한 이해를 요구한다. 또한 역사신학자들도, 윤리적 주제를 통하여 종종 교리사 전반의 흐름을 고찰하기도 한다. 베인튼(R. H. Bainton)의 『전쟁, 평화, 기독교』, 이장식의 『기독교와 국가』, 곤잘레즈(J. Gonzalez)의 『신앙과 부』 등은 역사신학자들에 의해 정리된 윤리적 주제의 기독교사상사에 대한 책들이다.[13] 기독교윤리학은 실천신학과도 관계가 긴밀하다. 영국의 신학자 포레스터(Duncan B. Forrester)는 실천신학의 과제가 교회 내의 영역에 머무르지 않으며, 사회변혁을 위한 정치적 행동까지도 실천신학의 범주로 보아야 함을 말하였다. 그런 의미에서 볼 때 실천신학(practical theology)과 기독교윤리학이 공통된 과제를 가지고 있음을 알 수 있다.[14] 미국의 기독교교육학자 넬

스도를 하나의 모형(pattern)으로, 매슨(T. W. Mason)은 선생으로서의 예수 그리스도를 강조한다. 그리고 바르트와 본회퍼(D. Bonhoeffer)는 예수 그리스도를 창조자와 구속자로서 강조하는 신학자로 분류하여 그의 기독교윤리사상사를 정리하고 있다. 윤리에 있어 원리나 신념을 강조하는 유형, 상황 중심의 윤리, 도덕적 행위자 중심의 윤리를 거스타프슨은 위 책의 결론부에서 종합하였다.

니버는 그의 명저 『인간의 본성과 운명』이라는 책에서 나름대로의 윤리사를 정리한다. 그는 기독교윤리사상과 그 시대의 사회적 상황이 상호작용하는 것으로 말하고 있다.

이상과 같이 우리는 기독교윤리사상사를 여러 각도에서 정리할 수 있다. 계시냐 이성이냐, 영이냐 물질이냐, 행위자 중심의 윤리냐 행동 중심의 윤리냐 등 여러 입장으로 나누어 윤리를 정리할 수 있을 것이다. J. Philip Wogaman, *Christian Ethics: A Historical Introduction* (Louisville: Westminster John Knox Press, 1993), 2-15.

[13] R. H. 베인튼, 『전쟁, 평화, 기독교』, 채수일 역(서울: 대한기독교출판사, 1981). 이장식, 『기독교와 국가』(서울: 대한기독교출판사, 1981). Justo L. Gonzalez, *Faith & Wealth* (San Francisco: Harper, 1990).

[14] Duncan B. Forrester, *The True Church and Morality: Reflections on Ecclesiology and Ethics* (Geneva: WCC Publications, 1997)를 참조하시오.

슨(C. Ellis Nelson)은 교회의 도덕교육(moral education)에 대한 관심을 표명하여 왔는데, 이것은 기독교교육과 윤리학의 연관된 부분이라 할 수 있다.[15]

9. 기독교의 핵심 교리와 「21세기 대한예수교장로회 교리문답」의 사도신경 부분과의 상관성

기독교의 핵심 교리	21세기 대한예수교장로회 교리문답의 사도신경 부분과의 상관성
신학서론: 선포적 신학, 변증적 신학	웨스트민스터 소요리문답은 1647년에 만들어진 것으로, 오늘의 시대를 사는 사람들에게 기독교의 교리를 더 잘 설명할 필요가 있어 본 교리문답을 만든 것이다.
신론: 숨겨진 하나님, 계시된 하나님	문 11은 하나님께서는 하늘 위에 계셔서 온 우주 만물을 주관하시는 분이며, 우리의 아바 아버지로서 우리 곁에 계시고 만유 안에 그리고 만유를 통하여 현존하시는 분이라고 한다.
기독론: 참 하나님, 참 인간	문 12는 예수 그리스도를 참 하나님이시며 참 인간으로서 고백한다.
성령론: 필리오케('와 아들') 논쟁	동방교회는 성령님이 성부 하나님으로부터 나온다는 단일발출을 말하는 반면, 서방교회는 그 성령님이 아버지와 동시에 아들로부터 나온다는 이중발출을 강조한다. 이에 우리는 그 성령님은 아버지로부터 나오며, 아들과의 관계성, 곧 삼위일체의 관계성 속에서 우리에게 보내지는 것임을 믿어야 할 것이다.

---

[15] C. Ellis Nelson, *Helping Teenagers Grow Morally* (Louisville: Westminster John Knox Press, 1992) 등을 참조하시오.

인간론: 의인이면서 죄인	문 20은 죄로부터 구원받은 인간은 하나님 앞에서 죄인임에도 불구하고 의인인 존재들이라고 고백한다. 인간은 모두 죄인으로 하나님의 은혜에 따른 믿음이 아니고서는 의롭다 칭함을 받을 수 없다.
교회론: 보이는 교회, 보이지 않는 교회	문 18은 우리 눈에 보이는 교회가 불완전하며 외형적으로는 분열된 모습으로 나타나기도 하지만, 우리는 보이지 않는 교회를 성령님의 전이고, 그리스도의 몸이며, 하나님의 백성으로서 하나의, 거룩한, 보편적, 사도적 교회로 고백한다.
종말론: 아직과 이미	문 22는 성경이 말하는 종말의 사건을 우리에게 아직 완성되지 않은 미래의 일임과 동시에 예수 그리스도의 처음 오심과 함께 이미 역사 안에서 선취된 일로 고백한다.

제5장
성도들의 바른 행위의 규범으로서의 십계명에 대한 개괄적 이해

십계명

하나님이 이 모든 말씀으로 말씀하여 이르시되
나는 너를 애굽 땅, 종 되었던 집에서
인도하여 낸 네 하나님 여호와니라.

제1계명
너는 나 외에는 다른 신들을 네게 두지 말라.

제2계명
너를 위하여 새긴 우상을 만들지 말고,

또 위로 하늘에 있는 것이나, 아래로 땅에 있는 것이나,
땅 아래 물 속에 있는 것의 어떤 형상도 만들지 말며,
그것들에게 절하지 말며, 그것들을 섬기지 말라.

제3계명

너는 네 하나님 여호와의 이름을 망령되게 부르지 말라.

제4계명

안식일을 기억하여 거룩하게 지키라.

제5계명

네 부모를 공경하라.

제6계명

살인하지 말라.

제7계명

간음하지 말라.

제8계명

도둑질하지 말라.

제9계명

네 이웃에 대하여 거짓 증거하지 말라.

> 제10계명
> 네 이웃의 집을 탐내지 말라.
> 네 이웃의 아내나, 그의 남종이나 그의 여종이나,
> 그의 소나 그의 나귀나,
> 무릇 네 이웃의 소유를 탐내지 말라.

1. 십계명의 전체적 구조와 전반부 제1~4계명에 대한 설명

출애굽기 20장의 십계명은 전반부가 하나님에 대한 계명으로 되어있으며, 후반부는 인간에 대한 명령으로 구성되어 있다. 십계명은 1계명과 10계명이 요체이다. 제1계명은 하나님만 섬길 것을 곧 예배로 명하고 있으며, 2, 3, 4계명은 예배드리는 방법에 대해 말하고 있다. 또한 제10계명은 탐내지 말 것을 말하며, 6, 7, 8, 9계명은 탐내지 말아야 할 것 네 가지를 언급한다. 그리고 제5계명의 네 부모를 공경하라는 부분은 전반부와 후반부를 연결하는 가교 역할을 하는 것으로 보인다. 탐내지 말아야 할 것 네 가지는 이웃의 생명과 아내와 재산과 명예로서, 그 네 가지는 인간이 가질 수 있는 귀중한 것들이다. 제9계명은 법정에서 거짓으로 증거하지 말 것을 명령한다. 법정에서의 거짓된 증언은 이웃의 명예를 손상할 수 있으므로, 우리는 이와 같은 법정에서의 맹세의 발언에 신중을 기하여야 한다. 마가복음 12:28~31은 다음과 같이 구약의 율법을 요약한다.

> 서기관 중 한 사람이 그들이 변론하는 것을 듣고 예수께서 잘

> 대답하신 줄을 알고 나아와 묻되 모든 계명 중에 첫째가 무엇이니이까 예수께서 대답하시되 첫째는 이것이니 이스라엘아 들으라 주 곧 우리 하나님은 유일한 주시라 네 마음을 다하고 목숨을 다하고 뜻을 다하고 힘을 다하여 주 너의 하나님을 사랑하라 하신 것이요 둘째는 이것이니 네 이웃을 네 자신과 같이 사랑하라 하신 것이라 이보다 더 큰 계명이 없느니라

이 본문은 십계명의 핵심을 하나님 사랑과 이웃 사랑으로 강조한다. 하나님과 이웃을 사랑할 때 하늘의 참 행복이 우리의 것이 된다. 이 본문은 하나님과 이웃을 사랑하는 방법도 아울러 설명한다. 하나님을 사랑하되 마음과 목숨과 뜻과 힘을 다하여 사랑하고, 이웃을 네 자신과 같이 사랑하라는 것이다. 먼저 이 십계명의 전반부가 의미하는 바, 곧 하나님을 사랑하는 방법에 대해 함께 살펴보자.

십계명의 제1계명은 하나님께만 예배할 것을 명하고 있으며, 이후 2~4계명은 예배드리는 방법에 대해 언급한다. 제2계명은 우상 숭배하지 말 것을 말한다. 땅과 하늘에 있는 어떤 것이나 인간이 만든 어떠한 것들에도 절하지 말 것을 명하고 있다. 즉, 이 세상의 자연물을 하나님으로 섬기지 말 것이며, 인간의 손이나 머리로 만든 어떤 것도 섬김의 대상으로 삼지 말 것을 명하는 것이다. 하나님은 자연과 인간의 이성을 초월하여 계신 분으로, 인간이 볼 수도 없으며 만질 수도 없는 분이다. 그러한 알 수 없는 것들의 총체를 우리는 보통 영적인 존재로 칭한다. 하나님은 영이시므로 그에게 예배하는 자는 영과 진리로(in Spirit and Truth) 예배하여야 한

다(요 4:24). 영으로 드리는 예배, 인간을 구성하는 한 요소인 영을 다해 예배할 것을 제2계명이 말하고 있다. 제3계명은 하나님의 이름을 망령되이 일컫지 말 것을 말한다. 우리는 하나님의 이름을 여타의 것에서 구별하여 거룩히 여겨야 한다. 어떤 대상에 합당한 이름을 붙인다는 것은 인간의 이성적인 사유와 연관된다. 인간의 합리성이란 어떤 사물을 다른 것과 구별하여 그것에 바른 이름을 명하는 것과 결부되어 있다. 그러므로 신자는 그의 이성적인 능력을 다해 하나님께 예배하여야 한다. 진리로서 진정한 예배를 드리는 것이 요청된다. 제4계명은 안식일을 기억하여 거룩히 지킬 것을 명한다. 영어의 안식일을 의미하는 'sabbath'라는 단어의 히브리어 어원은 '샤밭'인데, 이는 '멈춘다, 쉰다'라는 뜻을 가지고 있다. 안식일은 쉬는 날일 뿐 아니라, 하나님을 예배하기 위해 우리의 노동을 멈추어야 하는 그런 날이다. 하나님께서는 우리가 전적으로 온 힘을 다해 그에게 예배드릴 것을 원하신다. 하나님께서는 우리의 힘과 노동과 실천과 몸이 전적으로 그에게 바쳐지기를 원하신다. 인간의 몸은 인간이 가지고 있는 중요한 구성요소로서, 하나님께서는 몸뿐 아니라 마음과 이성과 의지 등 인간의 모든 요소들을 총체적으로 바칠 것을 원하신다.

우리는 먼저 우리의 가장 깊숙한 존재로서의 영을 하나님께 드려야 한다. 내적 영의 깊숙한 면이 바뀌지 않고서는 우리의 이성과 행동 또한 바뀌지 않는다. 나아가 영보다 좀 더 구체적인 것으로서 정신을 하나님께 드려야 한다. 이러한 두 가지가 변화함으로써 우리의 행동과 노동, 실천에 변화가 오는 것이다. 보이지 않는 부분이 먼저 변화한 후에만 눈에 보이는 부분으로서의 행동이 바뀔 수 있다.

그런 다음 십계명의 후반부는 그 행동의 구체적인 강령에 대해 말하고 있다. 부모를 공경하고, 살인하지 말고, 간음하지 말고, 도둑질하지 말고, 거짓된 증언을 하지 말 것을 명한다. 그러한 행동의 구체적인 규범들에 의해 우리는 합리적으로 우리의 행동들을 규제하게 된다. 마지막으로 제10계명은 다시 인간의 내면세계의 문제로 회귀한다. 이러한 행동 강령들을 지키기 위해서는 먼저 욕심을 버려야 한다는 것이다. 모든 죄의 행동들은 욕심에서 나오는 것이기 때문이다(약 1:15).

2. 욕심을 버리는 것의 중요성

하나님께서 구약의 이스라엘 백성들에게 귀한 율법을 주셨음에도 그들은 주님의 말씀에 순종하는 데 실패하였다. 이 문제를 신약성경은 다음과 같이 진단하고 있다. 그들은 주님의 명령을 받았지만 마음의 근본이 변화되지 않아 주님의 말씀을 따르는 데 실패하였다는 것이다(마 7:24-27). 우리가 어른들로부터 부모님을 공경하여야 한다는 윤리적 명령을 배우기는 하지만, 그것을 하나의 명령으로 배운다고 하여 바로 실천하게 되는 것은 아니다. 우리의 근본 인격이 변하지 않는다면 이 명령은 바로 지켜질 수 없기 때문이다. 인간의 근본 본성과 그의 마음 바탕이 근본적으로 변하지 않는다면, 어떤 율법적 명령을 가르친다고 하여도 무용지물이 되는 것이다.

마태복음 5~7장까지를 우리는 보통 산상수훈이라 부른다. 마태복음 7:24~29은 산상수훈의 결론과 같은 부분이다. 7:24은 이르기를 "그러므로 누구든지 나의 이 말을 듣고 행하는 자는 그 집을 반석 위에 지은 지혜로운 사람 같으리니"라고 한다. 본문 25절은 주추에 대해서 이야기하는데, 여기서 주추란 기둥 밑에 괴는 돌을 말한다. 일종의 집의 기초를 이루는 부분이다. 이 본문은 기초가 잘 된 사람은 말씀을 듣고 순종할 수 있으나, 기초가 부실하면 말씀을 들어도 지키지 못한다고 말하고 있다.

이 본문에서 집이 우리의 눈에 보이는 행동을 말하는 것이라면, 주추로서의 기초는 눈에 보이지 않는 마음의 준비를 지적한다. 즉, 행함의 기본이 되는 속마음으로서의 기초를 말하는 것이다. 겉보기의 행함보다 더 중요한 것이 있는데, 그것은 기초가 되는 마음이라는 의미이다. 기초가 되는 마음이 든든한 자는 말씀을 듣고 행하는 자가 될 수 있으나, 마음의 기초가 허술한 자는 주님의 명령을 듣고도 준행할 능력을 갖지 못하는 것이다.

또한 마태복음 7:17 이하의 본문에는 좋은 나무에서 좋은 열매가 나오고, 나쁜 나무에서 좋은 열매가 나올 수 없다고 언급한다. 마태복음 7:16~19에 다음과 같이 기록되어 있다.

> 그들의 열매로 그들을 알지니 가시나무에서 포도를, 또는 엉겅퀴에서 무화과를 따겠느냐 이와 같이 좋은 나무마다 아름다운 열매를 맺고 못된 나무가 나쁜 열매를 맺나니 좋은 나무가 나쁜 열매를 맺을 수 없고 못된 나무가 아름다운 열매를 맺을 수 없느니라 아름다운 열매를 맺지 아니하는 나무마다 찍혀 불에 던져지느니라

여기서 좋은 열매란 인간의 바른 행동을 의미하며, 좋은 나무란 그것을 가능하게 하는 인간의 존재를 나타낸다. 나무라는 존재가 열매라는 행함에 우선이라는 설명이다. 기본 존재, 곧 우리의 속마음이 변하지 않으면 우리는 결코 하나님의 말씀을 준행할 수 없는 것이다.

여기서 마음이란 헬라어로 '카르디아'라고 하는데, 마태복음에서 아주 중요한 단어다. 마태복음 15:19은 이렇게 언급한다.

> 마음(카르디아)에서 나오는 것은 악한 생각과 살인과 간음과 음란과 도둑질과 거짓 증언과 비방이니

이어 야고보서 1:15은 아래와 같이 말한다.

> 욕심이 잉태한즉 죄를 낳고 죄가 장성한즉 사망을 낳느니라

마음의 욕심이 살인, 간음, 도둑질, 거짓 증언 등의 죄를 짓게 하고, 그러한 죄가 우리를 사망과 파멸과 불행으로 인도한다는 말씀이다. 이에 반해 우리 마음의 덕은 우리로 하여금 선을 행하게 하며, 그로 인해 우리는 행복한 삶을 살게 되는 것이다. 이런 본문들에서 알 수 있듯이 마음의 욕심이 우리로 하여금 죄를 짓게 한다. 십계명의 마지막 열 번째 계명은 우리에게 욕심을 갖지 말라고 명한다.

이어 마태복음 5장의 말씀은 우리가 죄악을 짓지 않으려면 우리 마음속의 잘못된 생각과 욕심들을 제하여 버려야 한다고 강조

한다. 형제를 미워하여 욕하는 사람은 필히 살인하게 되어 있으며, 마음에 음욕을 품으면 이미 간음한 것과 같고, 맹세를 신중하게 하여 거짓 증언을 하지 않으려면 아예 맹세를 하지 않으려는 태도를 가져야 함을 말하고 있다(마 5:21-35). 곧 우리 마음의 태도가 바른 행동을 결정한다는 것이다.

이상과 같이 십계명은 마음의 욕심의 문제를 거론하는 계명들로서 미움이 살인을, 마음의 음욕이 간음을, 돈에 대한 욕심이 도둑질을, 명예에 대한 과도한 추구가 거짓된 증언을 초래한다고 가르친다. 이에 본 교리문답은 이런 욕심과 상관되는 기독교가 말하는 중대 범죄들에 대해 설명하고 있다. 십계명의 마지막 제10계명은 이런 욕심의 심각성에 대해 설명하며, 그 문제가 여섯 번째부터 아홉 번째 계명의 해석에서 계속 강조되고 있는 것이다. 우리 마음속의 욕심이 제거되지 않는 한, 우리는 우리 자신의 죄의 문제를 극복하기 어렵다. 이런 의미에서 성령을 통한 마음의 수련은 매우 중요한 것이다.

문 37: "네 이웃의 집을 탐내지 말라. 네 이웃의 아내나 그의 남종이나 그의 여종이나, 그의 소나 그의 나귀나, 무릇 네 이웃의 소유를 탐내지 말라."는 제10계명은 무엇을 요구하거나 금합니까?
답: 제10계명은 하나님께서 우리에게 주신 복에 감사하며, 다른 사람들의 소유에 대해 바르며 우호적인 마음을 가질 것을 요구합니다(시 1:1-6; 딤전 6:6). 이 계명이 금하는 것은 자기가 받은 하나님의 은혜를 깨닫지 못하고 불평하는 것이며, 탐욕으로 인해 다른 사람의 소유에 대해 부당하게 행동함입니다(갈 5:26). 욕심

이 잉태한즉 죄를 낳고 죄가 장성한즉 사망을 낳습니다(약 1:15).

3. 이웃 사랑의 계명으로서의 제5~10계명

성경이 언급하는 바에 따르면 주님의 복을 받는 원리는 간단하다. 하나님의 명령을 준행할 때 우리는 주님께서 주시는 복에 거할 수 있다. 그러면 그 하나님의 명령은 무엇일까? 이는 십계명에 요약되어 있는데, 1~4계명까지는 하나님 사랑으로서 하나님께 예배하는 방법을, 그리고 5~10계명까지는 이웃 사랑에 대해 말한다. 즉, 하나님 사랑과 이웃 사랑이 행복의 원리이다. 십계명의 후반부는 이웃 사랑의 방법에 대해 말한다.

먼저 십계명의 후반부는 부정적인 문장들로 되어 있는데, "하지 말라."는 명령형 동사들이 사용되었다. 살인하지 말고, 간음하지 말고, 도둑질하지 말고, 거짓 증거하지 말라는 것이다. 이웃을 사랑하는 방법에 있어 중요한 것은 이와 같이 먼저 하지 않아야 할 것을 아는 것이다. 나의 아내와 자녀, 이웃에게 어떤 선행을 하기에 앞서, 그들에게 고통과 불행, 상처를 주는 행동을 삼가야 한다. 남에게 고통을 주는 것이 악행이고, 기쁨을 주는 것이 선행이다. 십계명의 후반부는 남에게 주는 고통 중 대표적인 것들을 열거한다.

성경은 우리가 하나님의 말씀을 준행하여 선하게 사는 것이 복된 길이며, 악을 행하며 죄를 짓는 것이 불행의 길임을 언급한다. 이에 있어 십계명은 우리에게 먼저 엄청난 선행을 하라고 명령하지 않는다. 십계명은 우리가 할 수 있는 최소한의 선행에 대해 말하는데, 그것은 남에게 악을 행치 않는 것이다. 남에게 고통을 주는 것이 악이며, 행복을 주는 것이 선인 것이다.

마태복음 7:12은 다음과 같이 언급한다.

> 그러므로 무엇이든지 남에게 대접을 받고자 하는 대로 너희도 남을 대접하라 이것이 율법이요 선지자니라

남에게 행복을 준 사람은 행복의 열매를 거두고, 남에게 고통을 준 사람은 필경 고통과 불행의 열매를 거두게 된다는 것이다. 우리는 보통 마태복음 7:12을 황금률이라 말한다. 황금과 같은 소중한 명령으로, 온 율법의 요약이기도 하다. 유교에서는 이것을 다음과 같이 달리 표현한다. "자기가 원하지 않는 것을 남에게 베풀지 말라"(衛靈公篇 23장). 유교의 황금률이다. 내가 대우받기를 원치 않는 것을 남에게 행치 말라는 것이다. 유교도 기독교가 말하는 행복의 원리를 잘 파악하고 있는 듯하다.

이 같은 황금률의 원리를 설명하면 이렇다. 남으로부터 대접과 사랑을 받고자 한다면, 남을 먼저 사랑하고 대접해야 한다는 것이다. 그러나 남을 불행하게 한 사람은 반대로 자신도 불행하게 된다는 원리다. 즉, 남에게 한 그대로 자기가 받게 된다는 것이 황금률이다.

구약의 율법은 눈에는 눈, 이에는 이의 원칙을 강조한다. 이것을 우리는 보통 동해보복법이라 하는데, 남에게 해를 끼친 그대로 돌려받는다는 원리다.

> 상처에는 상처로, 눈에는 눈으로, 이에는 이로 갚을지라 남에게 상해를 입힌 그대로 그에게 그렇게 할 것이며(레 24:20).

구약의 율법은 동해보복법을 강조한다. 우리는 남을 불행하게 하거나 남을 해쳤을 때, 자기도 그대로 보응받는다는 것을 인식해야 한다. 하나님께서는 이 원칙을 분명히 지키시는 분이다. 하나님은 보복하시는 하나님이시다. 인간의 보복은 완전하지 않을지라도 하나님의 보복은 철저하고 완벽하다. 한 홑(한 푼)이라도 다 갚지 않으면 결코 그것으로부터 벗어나지 못할 것이다(마 5:26).

우리의 행동에는 심판이 따른다(전 12:14). 우리 행동에 대한 주님의 심판은 세상의 종말에만 일어나는 것이 아니다. 영적으로 성숙한 사람은 자기의 잘못된 행동에 대해 하나님께서 즉각적으로 심판하신다는 것을 안다. 그러나 영적으로 무딘 사람은 하나님의 심판이 즉각 일어난다는 것을 감지하지 못한다.

성경은 십계명의 이 부분을 다음과 같이 다시 설명한다. "네 이웃을 네 자신과 같이 사랑하라."는 말씀이다(막 12:31). 내가 남들의 행동으로 인해 느끼는 고통이 있다면, 나의 그런 행동으로 인해 남들도 동일하게 고통을 느낄 수 있다는 것을 가르치는 말씀이다. 이것은 일종의 공감(compassion)의 능력을 말한다. 남이 느끼는 고통을 자기의 몸으로 느낄 수 있는 사람이 되면, 남들에게 고통을 주는 행동을 자제하게 된다. 일종의 입장을 바꿔 생각할 수 있는 역지사지의 능력이다.

행복은 일종의 메아리와 같다. 남에게 고통을 주면 그것이 메아리가 되어 나에게 되돌아온다. 남에 대한 선행 또한 메아리가 되어

나에게 돌아오는 것이다. 스스로가 행복하려면 이웃을 행복하게 해야 한다. 행복은 자가발전적인 것이 아니다. 행복이란 메아리와 같은 일종의 반향이라 할 수 있다. 남이 웃는 것을 보고 우리는 행복해진다. 남을 불행하게 하는 사람은 결코 행복해질 수 없다.

십계명은 후반부에서 살인하지 말라, 간음하지 말라, 도둑질하지 말라, 거짓 증거하지 말라고 명령한다. 이 본문은 남들에게 큰 고통을 주는 다섯 가지의 중대한 악을 열거하고 있다. 우리가 하는 기도들을 음미하여 보면 인간에게 가장 고통스러운 것들이 무엇인지 알 수 있다. 우리가 하는 기도 중 가장 많이 하는 기도는 건강에 대한 기도, 경제적인 고통에 대한 기도, 자녀에 대한 기도, 가정이 깨지는 것으로부터 오는 기도 등이다. 삶에서 우리 자신의 힘으로 해결할 수 없는 것들이 많은데, 예를 들면 건강 문제, 자녀 문제, 가정 문제, 경제 문제, 명예에 대한 문제 등이다. 훌륭한 삶을 살았음에도 남들의 중상으로 불명예스럽게 세상을 마치는 사람들도 허다하다. 사람들은 많은 경우 남이 잘되는 꼴을 보지 못하기 때문에 아무리 내가 조심한다고 하여도 뜻하지 않은 고통을 당할 때가 많다.

이에 있어 십계명의 5~9계명들은 타인에게 주는 대표적 고통들과 연결되어 있다. 자녀에 대한 기도와 연관되는 것이 네 부모를 공경하라는 계명이다. 부모에게 있어 자녀가 잘못될 때의 고통만큼 큰 아픔은 없으므로, 부모님의 속을 썩이지 말라는 것이다. 다음으로 건강에 대한 기도는 살인하지 말라는 계명과 연결되어 있다. 살인하지 말라는 것은 생명을 소중히 여기라는 것인데, 그것은 건강과 장수와도 연결되어 있다. 간음하지 말라는 제7계명은 가정이 깨지는 아픔에 대한 기도와 연결되며, 도둑질하지 말라는 계명은 경제적 고통의 문제와 상관이 있고, 거짓 증거하지 말라는 계명은 우리가 지켜야 할 명예와 연관이 있다. 인간이 갖고 있는 가장 소중한 것들이 자녀, 건강, 재물, 정절, 명예 등이기 때문이다. 소중한 것을 잃었을 때의 고통은 이루 말할 수 없다.

1) 먼저 자녀들이 부모의 뜻과 다르게 어그러진 길로 가고 불행한 삶을 살 때, 부모의 마음이 가장 쓰라릴 것이다. 자녀가 고통스러워하면 부모의 마음은 세 배, 네 배 더 고통스럽다. 속 썩이는 자녀를 둔 부모의 마음이 이 세상에서 가장 고통스럽다. 나쁜 짓을 하고, 술 먹고 밤늦게 들어오고, 나쁜 친구들과 어울리는 그런 행동을 할 때 부모님의 마음은 타들어 간다. 부모의 심적 고통을 헤아려 사는 것이 필요하다. 남들에게 주는 고통들을 하나하나 줄여나가는 것으로부터 나 자신도 행복해진다는 것이다. 그래서 성경은 먼저 네 부모를 공경하라고 한다. 부모의 마음을 아프게 하지 말라는 말이다. 부모님을 즐겁게 해 드리는 일은 매우 중요한 일로서 나에게도 행복을 가져온다.

2) 다음으로 가족들을 무한히 고통스럽게 하는 일이 있다. 외도하는 것이다. 이런 행동이 자기에게 큰 즐거움을 줄 것 같지만 그렇지 않다. 스스로와 가족들을 다 병들게 하고 어렵게 하는 일이다. 외도에 어떤 즐거움이 있을지 모르겠지만, 배우자와 자녀의 마음은 고통스럽다.

외도하게 되면, 가족 구성원 모두가 침울하게 된다. 배우자는 자신이 뭔가 잘못한 것이 있는지 자책하며 자학적인 삶을 살게 되기 쉽다. 그런 부모를 둔 자녀들 또한 마음에 상처를 받아 자존감을 상실하고 무기력하게 살게 된다. 남성이든 여성이든 외도하는 것은 가족 전체의 가슴을 멍들게 하는 것임을 상기해야 할 것이다. 외도하는 것 이상 나의 옆에 있는 가족들을 고통스럽게 하는 일은 없다.

3) 세 번째 고통스러운 것은 남의 생명에 치명상을 입히는 행동이다. 남을 죽이는 말과 행동을 하고, 남들에게 폭력을 가하는 것을 아무 거리낌없이 하는 이들이 있다. 보험금을 타기 위해 남편이나 아내를 죽이는 사람들도 있다. 이런 사람들은 결코 이 세상에서 평안을 누릴 수 없을 것이다. 그의 행동은 백일하에 드러날 것이며, 결국은 불행의 삶으로 귀착될 것이다. 남을 생명을 해치고 행복하게 살 수 있다고 생각하는 것만큼 어리석은 것은 없다. 몇 년 전 4백 여 만 원을 빼앗기 위해 골프장에서 여성을 납치하여 살인한 사건이 있었다. 그의 행동은 살해당한 여성뿐 아니라 그의 가족과 주변 사람들에게 엄청난 고통을 주었다. 또한 그는 자신의 그러한 행동이 스스로와 가족들, 그리고 자신의 후손들에게 얼마나 치명적인 좌절과 상처를 주는 일인지 알아야 한다. 그는 인생의 암흑 속에서 결코 빠져나오지 못할 것이다. 지옥의 어두운 그림자가 그의 온 집안을 덮고 있음을 깨닫는 것이 필요하다. 회사에서 상사가 직원을 괴롭혀, 그로 인한 스트레

스로 직원이 암에 걸려 고생하는 경우가 종종 있는데, 이것도 지연된 살인행위로 보아야 할 것이다. 남을 괴롭혀 죽게 만드는 사람은 그러한 일로 반드시 보응받을 것임을 성경은 언급한다.

4) 남의 물건을 도둑질하고 사기치는 사람들이 있다. 요즘 보이스피싱이 기승을 부리고 있다. 보이스피싱으로 남을 갈취하는 사람들이 있는데, 우리는 남의 재산을 해하는 것이 상대방에게 얼마나 많은 고통을 주는 것인지 입장을 바꿔 생각해 보아야 한다. 보이스피싱으로 전 재산을 날린 할아버지 할머니에게는 그것이 죽음과도 같은 큰 고통이다.

고의로 또는 본의 아니게 남에게 큰 경제적인 손실을 주었다면, 갚기 위해 노력해야 한다. 다른 사람의 돈을 떼어먹기를 다반사로 하는 사람들이 있는데, 그런 사람은 동일한 보복과 고통이 자신에게 주어짐을 알아야 한다. 불의하게 번 돈으로 잘 사는 길이란 없다.

5) 마지막으로 우리를 가장 고통스럽게 하는 것 중의 하나가 거짓으로 남을 중상모략하는 것이다. 정말 겸손하고 좋은 사람을 나쁜 사람으로 몰아 매장하는 경우들이 있다. 자기의 유익을 위해서나 자기가 더 높아지기 위해 남에 대해 함부로 말하고 평가할 때가 많은데, 하나님께서는 그런 일들을 선악 간에 심판하시는 분이다. 자신의 영달을 위해 순진하고 착한 사람들을 매장시키는 사람들에게는 주님의 진노

가 그치지 않을 것이다. 하나님께서는 남에게 고통을 준 것에 대한 책임을 묻는 분이다.

십계명의 후반부는 남들에게 큰 행복을 선사하기에 앞서, 남들에게 고통을 주지 않는 삶의 중요성을 우리에게 강조한다. 그렇게 하는 것이 행복의 기본이다. 십계명은 최소수에게 최소의 고통을 주는 행동을 할 것을 명한다. 가능하면 최소의 사람에게 최소의 고통을 주는 삶을 살아야, 자신도 행복한 삶을 영위할 수 있다.

내가 술을 자주 먹는 것이 나의 가족에게 기쁨을 주는 것인지 아니면 그들을 괴롭히는 일인지 곰곰이 생각해 볼 일이다. 부모님의 마음을 아프게 하는 자녀들이 있다. 남의 남편이나 아내를 뺏어 사는 것을 행복으로 착각하는 사람들도 있다. 우리 모두 남에게 고통을 주는 만큼 그대로 되돌려받는다는 것을 실감하여야 한다. 마태복음 5:29~30은 다음과 같이 말한다.

> 만일 네 오른 눈이 너로 실족하게 하거든 빼어 내버리라 네 백체 중 하나가 없어지고 온 몸이 지옥에 던져지지 않는 것이 유익하며 또한 만일 네 오른손이 너로 실족하게 하거든 찍어 내버리라 네 백체 중 하나가 없어지고 온 몸이 지옥에 던져지지 않는 것이 유익하니라

손발을 자르려는 각오도 없이 우리는 결코 우리 자신의 죄로부터 벗어날 수 없다. 죄에 익숙한 나의 지체를 잘라내려는 각오를 가지고, 새로운 인생을 결단하고, 철저히 회개해야 그런 행위에서

벗어날 수 있다.

> 주 여호와의 말씀이니라 이스라엘 족속아 내가 너희 각 사람이 행한 대로 심판할지라 너희는 돌이켜 회개하고 모든 죄에서 떠날지어다 그리한즉 그것이 너희에게 죄악의 걸림돌이 되지 아니하리라(겔 18:30).

심판이 있으니 회개하라는 말씀이다. 주님께서는 우리가 심판받아 멸망하는 것을 원치 않으신다.

> 사람이 내 말을 듣고 지키지 아니할지라도 내가 그를 심판하지 아니하노라 내가 온 것은 세상을 심판하려 함이 아니요 세상을 구원하려 함이로라(요 12:47).

4. 십계명은 우리에게 무엇을 가르치는가?

우리의 영과 속마음과 지성과 몸이 하나님께 드려져서 새롭게 될 때, 우리의 행동이 변화하고, 이웃을 향한 선행을 실천할 수 있게 되는 것이다. 이러한 정의지체의 새로워짐을 추동하는 중요한 수단이 있는데, 그것은 예배이다. 찬송은 우리의 정서를 새롭게 하며, 기도는 우리의 의지를 새롭게 하고, 설교와 말씀은 우리의 생각을 바꾸며, 헌금을 통해 우리의 몸과 노동이 하나님께 드려진다. 이러한 예배 안에서 주님의 성령이 역사하여 우리의 마음을 바꾸며, 우리에게 성령의 열매를 풍성히 맺게 하는 것이다. 갈라디

아서 5:22~23은 이러한 성령의 열매를 다음과 같이 열거한다.

> 오직 성령의 열매는 사랑과 희락과 화평과 오래 참음과 자비와 양선과 충성과 온유와 절제니 이같은 것을 금지할 법이 없느니라

십계명	십계명의 내용	구조		설명
1	하나님께만 예배	하나님 사랑	하나님께만 예배	우리의 행동은 우리의 마음 깊은 곳에서 연원된다. 하나님을 사랑하는 일은 우리 마음속의 일로만 끝나서는 안 되며, 그것은 이웃을 향한 행동으로 이어져야 할 것이다.
2	우상숭배 하지 말라		영적인 예배 (영과)	우리가 참된 행동을 하려면 먼저 영과 마음(인간의 정서적인 영역)이 새롭게 되어야 한다.
3	하나님의 이름을 망령되이 부르지 말라		이성적인 예배 (진리로써)	다음으로 우리의 정신(이성)과 의지(혼)가 새롭게 되지 못하면 바른 삶을 살 수 없다.
4	안식일을 지켜라		몸을 전적으로 드리는 예배	우리의 정의지가 새롭게 됨으로 우리의 몸의 행동, 노동, 실천이 바르게 세워진다. 실제에 있어 이 같은 인간의 정의지체는 서로 중복되어 있어 확실한 구획을 하긴 어렵다.

※ 구조 열에서 "하나님 사랑"은 1~4계명을 묶고, "예배 드리는 방법"은 2~4계명을 묶는다.

5	부모를 공경하라	이웃 사랑	행동의 규범들: 남에게 고통을 주지 않는 삶 (대표적 고통을 주는 행위들)	부모의 속을 썩임	마음속의 미움이 살인을 야기하고, 마음의 음욕이 간음한 행동을 하게 하며, 물질에 대한 욕심이 도둑질하게 하고, 명예에 대한 욕심이 거짓 증거를 하게 한다. 모든 인간의 잘못된 행동은 그의 깊은 존재로부터 야기되는 것이다.
6	살인하지 말라			살인	
7	간음하지 말라			간음	
8	도둑질 하지 말라			도둑질	
9	거짓 증거 하지 말라			거짓 증거 (남에 대한 중상모략)	
10	욕심을 버려라			모든 행동의 기초가 되는 것이 마음의 욕심을 버리는 것이다.	결국 우리의 행동의 가장 기초가 되는 것은 영을 새롭게 하며 마음을 새롭게 하는 것으로 십자가의 보혈과 성령의 능력을 통해 우리의 속사람이 거듭나야 한다.

5. 십계명의 구조에 따른 교리문답의 구성

1) 십계명은 하나님 사랑과 이웃 사랑의 이중 구조로 되어 있다

문 24: 십계명의 주된 내용은 무엇입니까?

답: 십계명의 앞부분의 네 계명들은 우리의 온 마음과 영혼과 뜻과 힘을 다하여 하나님을 사랑할 것을 명하고 있으며(신 6:5; 막 12:30), 뒷부분 여섯 계명들은 우리가 우리의 이웃들에게 어떤 의무를 가지고 있으며 어떻게 사랑해야 하는지 가르칩니다 (마 22:37-39).

2) 십계명의 전반부 4계명은 하나님께만 예배드릴 것과 예배드리는 방법에 대해 설명한다

문 26: 처음 돌비에 적힌 네 계명은 무엇입니까?

답: 전반부의 네 계명은 하나님을 사랑하고 하나님께만 예배드려야 함을 강조합니다. 제1계명은 하나님께만 예배드릴 것을 말하며(왕하 17:36), 제2~4계명은 그 하나님께 예배드리는 방법에 대해 언급합니다(신 6:4-5). 하나님 대신 우상을 숭배해서는 안 되며, 하나님의 이름을 망령되게 곧 헛되거나 함부로 불러서도 안 되고, 안식일을 기억하여 거룩히 지켜야 합니다.

3) 십계명의 후반부에 있어 중요한 강조점은 우리 마음속의 욕심이 악행을 불러온다는 것이다

문 27: 나머지 여섯 계명은 무엇을 의미합니까?

답: 나머지 여섯 계명은 이웃에 대한 의무사항들입니다. 이 여섯 계명들은 이웃 사랑을 강조하는 명령들로, 사적이며 공적인 차원에서 정의와 평화를 실천해야 함을 강조합니다. 제10계명은 앞의 계명들을 요약하고 있습니다. "네 이웃의 집을 탐내지 말라."고 명하시면서, 제6~9계명에서 언급된 욕심내지 말아야 할 것들을 열거합니다(약 1:15). 이웃의 생명과 아내와 재산과 명예입니다(마 5:27-37).

야고보서 1장 15절에는 "욕심이 잉태한즉 죄를 낳고 죄가 장성한즉 사망을 낳느니라"라는 말씀이 있습니다. 마음의 욕심이

우리로 죄를 짓게 하며(마 15:19), 죄의 결과 온갖 불행과 파멸이 인간에게 오게 됩니다. 반면 마음의 덕은 우리로 하여금 선을 행하게 하며, 그러한 선은 우리에게 행복을 가져다줍니다. 우리는 이런 욕심과 죄로부터 자유롭기 위해 하늘의 지혜를 구해야 하며(약 3:17), 성령님 안에서 거듭난 사람이 되어야 합니다(갈 5:16-26).

4) 더 나아가 하나님을 바로 사랑함 없이 이웃 사랑의 실천을 하는 것은 가능하지 않는 것으로, 이 둘은 서로 연결되어 있다

문 41: 그러면 오늘날 기독교인들은 어떻게 살아야 합니까?
답: 우리 죄를 회개하고 예수 그리스도를 믿어 참 생명에 이르는 것이 먼저입니다(요 3:16-18; 행 11:18). 이와 함께 하나님을 사랑하고 바르게 예배하며, 이웃을 사랑하여 작은 자를 섬기며 살 것을 성경 말씀은 명령하고 있습니다(마 25:40; 막 12:30-31; 눅 10:26-27).

제6장
바른 행위를 가능하게 하는 은혜의 수단으로서의 주기도문에 대한 개괄적 이해

주기도문

하늘에 계신 우리 아버지,

아버지의 이름을 거룩하게 하시며 아버지의 나라가 오게 하시며,

아버지의 뜻이 하늘에서와 같이 땅에서도 이루어지게 하소서.

오늘 우리에게 일용할 양식을 주시고,

우리가 우리에게 잘못한 사람을 용서하여 준 것같이

우리 죄를 용서하여 주시고,

우리를 시험에 빠지지 않게 하시고, 악에서 구하소서.

> 나라와 권능과 영광이 영원히 아버지의 것입니다.
> 아멘(마태복음 6장 9-13절).

1. 주기도문의 번역과 구조

주기도문은 크게 네 부분으로 나뉘어져 있다. 하나님의 이름을 부르는 것으로 주기도문은 시작한다. 다음으로 2인칭 단수 부분이 나온다. 개역 성경의 주기도문에는 '당신의'라는 말이 빠져 있지만, 본래의 헬라어 성경에는 2인칭 소유격의 '쑤'(너의)라는 단어가 위의 번역(아버지의)에서와 같이 나타나 있다. 세 번째의 문단은 1인칭 복수 부분이다. 헬라어 '헤몬'(우리의)이 그 문단에만 다섯 번 나오고 있으며, 앞의 '우리' 아버지의 우리와 합쳐 짧은 주기도문에 우리라는 단어가 여섯 번씩이나 나오는 것에 유의해야 한다. 마지막 부분은 송영으로 되어 있다. 이 부분은 유대인 기도의 후렴과 같은 것으로, 주기도문이 소개되어 있는 누가복음 11장 속에는 없으며, 마태복음의 주기도에만 나타난다. 이는 마태복음이 유대인들을 독자로 하여 쓰였기 때문에 보다 친숙하게 들려지도록 하기 위하여 이 부분이 강조된 것이 아닌가 생각된다(대상 29:11-12). 이와 같은 주기도문의 전체적 구조에 대해 문 56은 아래와 같이 언급한다.

문 56: 주기도문의 전체적 구조에 대해 설명하십시오.
답: 주기도문은 전체적으로 네 부분으로 나눌 수 있습니다. 하나님의 이름에 대한 부분, 당신 곧 '아버지'란 단어가 자주 나오

는 2인칭 단수 부분, 그리고 '우리'라는 단어가 자주 나오는 1인칭 복수 부분(마 6:11-13)과 마지막 송영 부분입니다. 주기도문은 수직적으로는 하나님 나라와 그 뜻을, 수평적으로는 우리의 필요와 우리의 뜻을 찾는 두 부분으로 구성되어 있습니다.

주기도문의 주요 몸체는 두 번째와 세 번째의 단락인데, 이 두 단락들을 연결하는 위치에 "하늘에서와 같이 땅에서도"라는 부사구가 있습니다. 이 부사구는 두 번째 단락의 하늘을 향한 기도와 세 번째 단락의 땅을 향한 기도를 묶는 기능을 하면서, 하나님 사랑과 이웃 사랑을 연결합니다(마 22:36-40). 그리고 마지막 부분은 송영으로 하나님에 대한 찬양입니다(대상 29:11-12).

2. 주기도문의 전체적인 흐름

주기도문의 중심체는 두 번째 문단과 세 번째 문단이다. 두 번째 문단 2인칭 단수 부분은 당신의 뜻, 곧 하나님의 뜻을 찾는 내용으로 되어 있다. 세 번째 문단은 1인칭 복수 부분으로서 우리의 뜻을 찾는 것이 강조된다. 하나님을 향한 기도와 이웃을 향한 기도가 그것의 내용이다. 주기도문은 이렇게 두 가지의 관계를 제기한다. 먼저는 하나님 사랑으로서의 하나님과 나의 관계이다. 다음은 이웃 사랑으로서의 나와 이웃 관계가 중시된다. 하나님의 이름과 하나님의 나라와 하나님의 뜻이 추구된다. '우리에게' 일용할 양식과 용서와 구원이 주어질 것을 간구한다. 하나님을 사랑하지 않고서는 이웃을 진정으로 사랑할 수 없다. 이웃을 사랑함 없이 하나님을 사랑할 수 없다.

> 사랑하는 자들아 우리가 서로 사랑하자 사랑은 하나님께 속한 것이니 사랑하는 자마다 하나님으로부터 나서 하나님을 알고 사랑하지 아니하는 자는 하나님을 알지 못하나니 이는 하나님은 사랑이심이라…… 사랑하는 자들아 하나님이 이같이 우리를 사랑하셨은즉 우리도 서로 사랑하는 것이 마땅하도다(요일 4:7-11).

먼저 하나님의 뜻을 찾아야 한다. 예수 그리스도께서는 겟세마네 동산에서 다음과 같은 기도의 모범을 보이셨다.

> 내 아버지여 만일 할 만하시거든 이 잔을 내게서 지나가게 하옵소서 그러나 나의 원대로 마옵시고 아버지의 원대로 하옵소서(마 26:39).

이 본문은 아버지의 뜻대로 하는 것이 어떻게 하는 것인가를 설명한다. 곧 내 뜻대로 하지 않는 것이 주님의 뜻대로 하는 것이다. 그 둘은 동전의 양면과 같다. 우리는 아버지의 뜻을 추구함을 통하여 나의 뜻을 비우게 된다. 아버지의 뜻이 이것이라고 잘라 말할 수 있는 사람은 없다. 우리는 하나님의 뜻을 추구하며 진공 앞에 서게 된다. 그를 향해 우리의 모든 것을 쏟아낸다. 빈 마음과 빈 그릇으로 그분 앞에서 기도한다. 우리는 그렇게 자기부정을 통해 하나님의 뜻에 다다르게 되는 것이다. 이러한 빈 그릇에 '우리의' 뜻을 담는다. 자기부정이 없는 이웃 사랑은 헛되다. 비우고 채워야 한다. 주기도문은 나의 아집에서 벗어나 우리의 보편적인 뜻을 찾는 작업이다.

주기도문은 하나님의 뜻을 찾음을 통해 나의 뜻을 버리고 그 가운데 우리의 뜻을 다시 채우는 과정이다. 우리의 뜻을 나의 뜻으로 삼는 작업 속에 기도의 의미가 놓여 있다. 주기도문은 우리의 공동체적 결속을 전제한다. 주기도문의 서두에 나타난 대로 그 하나님은 우리의 아버지이다. 나의 아버지나 너의 아버지가 아니고 우리의 아버지라는 점에 주목해야 한다. 우리의 아버지라는 말은 세 가지의 의미를 함축한다. 먼저 하나님은 우리의 아버지이다. 우리는 그의 자녀이며, 서로가 그의 자녀 된 형제이다. 형제로서의 공동체가 형성되지 않은 곳에서는 기도가 우러나올 수 없다. 교회공동체를 매개로 하지 않고는 기도가 하늘에 상달되지 않는다. 그런 점에서 교회는 만민이 기도하는 집인 것이다(마 21:13). 공동체적 결속력이 기도에 주는 힘을 다음의 본문이 말하고 있다.

> 진실로 다시 너희에게 이르노니 너희 중의 두 사람이 땅에서 합심하여 무엇이든지 구하면 하늘에 계신 내 아버지께서 그들을 위하여 이루게 하시리라 두세 사람이 내 이름으로 모인 곳에 나도 그들 중에 있느니라(마 18:19-20).

이 본문은 하나님께서 이루어 주시는 기도의 조건을 공동체적 합심으로 말한다. 한마음으로 주께 아뢰는 기도는 강하다. 자기 자신에게만 해당하는 기도, 자신의 유익만을 위한 기도, 기복적인 기도, 자신의 욕심만을 반영하는 기도는 힘이 없는 기도이다. 그러므로 야고보서에는 구하여도 받지 못함은 정욕으로 쓰려고 잘

못 기도하기 때문이라고 하였다(약 4:3). 두세 사람이 한마음으로 하는 기도를 하나님은 들어주신다. 여기에서의 두세 사람이란 두 명, 세 명을 이야기하는 것은 아니다. 복수의 사람이 하나되어 공동체를 이루는 모습을 가리킨다. 마태복음 7:7~8의 말씀은 유명하다.

> 구하라 그리하면 너희에게 주실 것이요 찾으라 그리하면 찾을 것이요 문을 두드리라 그리하면 너희에게 열릴 것이니 구하는 이마다 받을 것이요 찾는 이는 찾아낼 것이요 두드리는 이에게는 열릴 것이니라

헬라어에는 두 가지의 명령형이 있다. 단수 2인칭 명령과 복수 2인칭 명령이다. 복수 2인칭 명령형의 어미는 모두 '에테'로 끝나는데, 위 본문의 모든 명령형 동사는 복수 2인칭으로 되어 있다. 즉, '너희가 구하라'는 것이다. '찾는 것', '두드리는 것'도 마찬가지이다. 공동체가 함께 찾고 두드려야 한다. 자기의 생각만으로, 자기의 입장에서 하는 기도는 응답력이 약하다. 그렇게 복수로 구하는 기도에 대해서 하나님은 공동체적 응답을 하실 것을 약속하신다. 분명히 주실 것인데 '너'에게 주는 것이 아니라, '너희'에게 주신다고 약속하셨다. 너희가 찾고 너희에게 열릴 것을 강조하셨다. 우리의 뜻으로 모아진 기도는 위력 있는 기도다.

창세기 12:1~3은 기독교의 원초적인 구원의 의미를 설명하는 말씀이다.

> 너는 너의 고향과 친척과 아버지의 집을 떠나 내가 네게 보여 줄 땅으로 가라 내가 너로 큰 민족을 이루고 네게 복을 주어 네 이름을 창대하게 하리니 너는 복이 될지라 너를 축복하는 자에게는 내가 복을 내리고 너를 저주하는 자에게는 내가 저주하리니 땅의 모든 족속이 너로 말미암아 복을 얻을 것이라 하신지라

짧은 문장 속에 복이라는 단어가 여러 번 반복되어 나온다. 아브라함에 대한 하나님의 본격적인 구원의 청사진이 소개되는 순간, 인류의 저주스러웠던 상황이 종식되고 복된 상황이 전개되기 시작하였다. 하나님을 믿는다는 것은 복을 향한 선택이다. 그렇기 때문에 아브라함은 본토를 떠나라는 하나님의 명령을 받고 아무런 주저함 없이 그의 고향을 떠날 수 있었다. 그러나 아브라함에게 하나님께서 내리신 복은 그만을 위한 배타적인 복이 아니었다. 그에게 내리신 복은 '복의 근원'으로서의 복이다. 복의 근원이란 자신만 잘 먹고 잘 사는 것으로서의 복이 아니라, 그를 통하여 다른 많은 사람들이 잘 살게 된다는 의미로서의 복이다. 하나님은 아브라함의 선택을 통하여 만인 구원의 문을 활짝 여셨던 것이다(창 50:20). 창세기 12장 이후의 부분에서는 믿음의 선진들의 복의 근원으로서의 역할을 설명한다. 아브라함을 위시한 이삭, 야곱, 요셉 등은 나름대로 하나님의 복을 여타의 사람들에게 나누어주는 역할을 하였음을 창세기는 말한다(18:23, 26:28, 30:27, 45:5).

주기도문 가운데에서 하나님의 뜻과 우리의 뜻이 만나고 있다.

우리는 가끔 신중한 결정을 내려야 할 일이 있을 때, 기도해 보고 정하겠다는 말을 하곤 한다. 기도가 우리의 결정 과정에 도움을 줄 수 있다고 생각하기 때문이다. 사람들이 어떤 일의 결정을 잘못하게 되는 것은 두 가지의 이유에서이다. 먼저는 지나치게 주관적으로 판단하기 때문이다. 또한 너무 객관적으로 판단하는 것도 옳지 못하다. 주관적인 판단으로서 나의 고집을 너무 내세우는 것과 자기의 주체성 없이 남의 말을 맹종하는 것, 양자 모두가 올바른 판단을 가로막는 장애물이다. 결혼을 앞두고 배우자를 정하는 중에 있다고 하자. 주변 사람이 좋다고 하여 자기 나름의 판단을 해 보지도 않고 정한다는 것은 무모한 일이다. 자기는 좋지만 주위의 모든 사람이 반대하는 결혼을 고집 피워 하는 것에도 문제가 있다. 나도 아니고 남도 아닌 제3의 공정한 위치가 요청된다. 하나님의 위치에서 나의 형편을 고찰할 때, 우리는 보다 나은 판단을 할 수 있게 된다. 나도 아니고 남도 아닌 성령의 시야에서 판단해야 한다. 일을 정하기 전에 기독교인이라면 성령의 뜻을 묻는 것이 필요하다. 성령의 뜻이 이것이라고 분명히 말하기에는 많은 어려움이 있다. 그러나 우리는 그러한 성령의 뜻에 접근할 수 있는 길을 가지고 있다. 곧 나와 남을 포괄하는 우리의 뜻으로 확대함을 통하여 그 성령의 뜻을 타진할 수 있는 것이다. 성령 안에 있는 사람은 보다 포괄적인 판단이 가능하며, 이에 우리의 뜻을 자신 안에 수용할 수 있는 여유를 갖게 된다. 어린아이는 남의 뜻, 전통, 주변의 중요한 사람들을 모델로 삼아 자기의 일을 결정한다. 조금 성장하여서는 자기의 의견이 제일인 줄 알고 나서며 결정한다. 그러나 장성한 후에는 자신의 의견과 남의 의견을 교환해 가며 결정할 줄 알게 된다. 주기도문은 하나님의 뜻에 비추어 우리의 뜻을 수렴해 가는 과정의 중요성을 우리에게 가르쳐 준다.

3. 하나님의 뜻

주기도문은 하나님의 이름을 부르는 것으로부터 시작된다. "하늘에 계신 우리 아버지"라는 이 부름 속에는 세 가지의 요소가 담겨 있다. '하늘에 계신', '우리', '아버지'라는 요소들이다. 하나님은 하늘에 계시며, 동시에 우리의 아버지가 되신다. 하늘에 계신다는 것은 하나님의 초월성을 의미하며, 아버지라는 것은 내재성을 의미한다. 하나님은 인간을 초월해 있음과 동시에 내재해 있는 분이다. 종교학에서 보면 신론의 두 가지 분기가 있다. 하나는 일신론이며, 다른 하나는 다신론이다. 일신론은 신의 초월적인 측면을 강조하는 말이며, 다신론은 신의 내재적인 측면을 강조하는 말이다. 다신론이 강조되면, 모든 것 속에 신이 있다는 범신론으로 나아간다. 이에 있어 기독교의 신관은 다신론과 일신론을 통합한다. 기독교의 신관을 삼위일체 신관으로서, '삼'이라는 입장에서 볼 때는 다신론이며, '일'이라는 입장에서 볼 때는 일신론이다. 하나님은 셋의 위격을 가진 분임과 동시에 본질에서 하나이신 분이다. 기독교의 신관은 그런 의미에서 종교학의 모든 신관을 종합하는 위치에 있다. 감추어진 하나님, 드러나신 하나님(Deus absconditus et Deus revelatus)이란 명제는 주기도문의 전체적인 구조를 지적한다. 인간의 뜻이 아닌 하나님의 뜻으로서는 인간에 대해 감추어져 있지만, 공동체적 우리의 뜻 가운데서 그것의 본의가 드러나게 된다. 그 하나님은 우리를 초월해 계신 분이며, 우리보다 우리의 존재에 더 가까이 계신 분이다. 하늘에 계신 우리 아빠!

다음으로 하늘을 향한 세 가지의 간구에 대해 살펴보자. "아버지의 이름을 거룩하게 하시며"라는 것이 첫째 간구이다. '거룩'이라는 뜻의 히브리어 '카도쉬'는 원래 '분리하다, 구별하다'는 의미를 담고 있다. 인간은 하나님을 여타의 피조물과 구별함을 통해 하나님의 거룩함을 깨닫게 된다. 하나님을 안다는 것은 세상 밖의 한 분을 인지하는 것이다. 세상 밖에 있으나, 이 세상을 가득 채우고 계시는 그분을 아는 것은 어렵다. 세상이 온통 그분의 것이기에, 세상 안에 있는 우리가 세상에서 그분을 구별하여 알기란 쉽지 않다. 그러나 우리는 그를 알아야 한다. 성경은 하나님이 누구신지 우리에게 말한다. 성경은 부정할 수 없는 하나님의 증거를 우리에게 제시한다.

이어서 "아버지의 나라가 오게 하시며"라는 부분이 이어진다. 하나님 나라의 도래를 소망하는 기도다. 이스라엘의 역사는 하나님 나라를 이 땅에 실현함에 있어 실패하였음을 나타낸다. 가나안 땅에 정착한 이후 수많은 노력을 기울였지만, 하나님의 나라는 온전히 이루어지지 않았다. 많은 구약의 역사서들이 그것의 어려움을 우리에게 보여준다.

또한 "아버지의 뜻이 하늘에서와 같이 땅에서도 이루어지게 하소서."라는 세 번째의 간구가 있다. 구약의 이스라엘 백성들은 하나님의 뜻에 순종하는 일에 실패하였으며, 그 실패에 대한 비판의 내용이 예언서들에 나타난다. 구약성경은 위의 세 가지 내용으

로 요약될 수 있다: ① 하나님은 누구신가? ② 하나님의 나라가 어떻게 이루어질 수 있는가? ③ 그 하나님의 뜻에 순종하는 길은 무엇인가?

4. 우리의 뜻

주기도문의 다음 부분은 우리의 뜻을 찾는 기도로 되어 있다. 일용할 양식을 주되 '우리에게' 달라고 기도자는 간구한다. '나의' 양식이 아니라 '우리의' 양식이 관심이다. 매우 적은 한 끼 분량의 양식이라 할지라도 남과 나누려는 마음을 가지고 있지 않다면, 이 기도를 드릴 수 없을 것이다. 동물은 자신의 먹이를 혼자 움키고 먹지만, 인간은 밥상에 같이 앉아 서로 나눔으로 교제를 한다. 주기도문은 양식을 나누는 것만을 말했지만, 그것은 나누어야 할 것이 양식뿐임을 뜻하지 않는다. 오히려 나누어야 할 것 중의 가장 기본적인 것을 대표적으로 말한 것으로 보아야 한다. 우리는 양식과 함께 다른 여러 것을 나눌 필요가 있다. 집도 나누어야 한다. 어떤 가족은 다섯 명이 한 방에서 사는 반면, 어떤 가족은 두 명이 다섯 개의 방에서 산다면, 올바른 나눔이라 할 수 없다. 의료 혜택도 나누어야 한다. 정보와 지식, 명예, 공공 서비스 등 서로 나누어야 할 것이 수없이 많다.

다음으로 "우리가 우리에게 잘못한 사람을 용서하여 준 것같이 우리의 죄를 용서하여 주시고"라는 기도가 나온다. 이 간구에서도 '나의' 죄가 아니라 '우리의' 죄가 관건이다. 예수 그리스도께서는 자신의 죄 때문에 십자가에 달리신 것이 아니다(히 7:26-28). 그는 인류의 죄, 우리의 죄를 대신 지시고 십자가에 달리셨다. "나의 죄는 나의 죄고, 너의 죄는 너의 죄다."라는 데에는 용서도 없고 구원도 없다. 남의 허물을 대신 져 주는 데에서 하나님의 구원의 빛이 비친다.

기독교의 교리 중에 원죄론이 있다. 곧 인간의 시조인 아담이 지은 죄에 모든 인류가 참여해 있다는 교리이다. 이 교리는 죄의 연대성을 우리에게 말해준다. 한 사람의 죄는 사회구성원 모두에게 영향을 미치며, 어느 정도 각자가 그 사람의 죄에 책임을 느껴야 한다는 것이 기독교의 교리이다. 한 사람의 악이 다른 사람에게 영향을 미치듯, 한 사람의 의가 다른 사람에게 좋은 영향을 끼칠 수 있다.

> 한 사람의 범죄로 말미암아 사망이 그 한 사람을 통하여 왕 노릇 하였은즉 더욱 은혜와 의의 선물을 넘치게 받는 자들은 한 분 예수 그리스도를 통하여 생명 안에서 왕 노릇 하리로다 그런즉 한 범죄로 많은 사람이 정죄에 이른 것같이 한 의로운 행위로 말미암아 많은 사람이 의롭다 하심을 받아 생명에 이르렀느니라 한 사람이 순종하지 아니함으로 많은 사람이 죄인 된 것같이 한 사람이 순종하심으로 많은 사람이 의인이 되리라(롬 5:17-19).

그러므로 우리는 남의 허물을 대신 져 주는 훈련을 하여야 한다. 나의 죄뿐 아니라, 우리의 죄를 지고 하나님 앞에 서는 자가 성도이다. 민족적인 회개가 일어나게 된 원인을 에스라는 다음과 같이 말한다.

> 에스라가 하나님의 성전 앞에 엎드려 울며 기도하여 죄를 자복할 때에 많은 백성이 크게 통곡하며 이스라엘 중에서 백성의 남녀와 어린 아이의 큰 무리가 그 앞에 모인지라(스 10:1).

에스라는 율법학자로서 이스라엘의 재건을 위해 노력하였다. 많은 것들을 가르쳤지만 백성들은 회개하지 않았다. 그러나 에스라가 먼저 하나님 앞에 엎드려 회개하였을 때, 백성들이 그와 함께 회개하고 민족 재건에 앞장서게 되었다는 내용이다. 어떤 문제에 대한 책임이 서로 다른 이에게 있다고 미루는 곳에서는 참다운 사회개혁이 이루어지지 않는다. 민족의 잘못을 감싸쥐고 하나님 앞에서 자신의 죄인 양 회개하는 자로부터 민족의 참회가 시작된다.

세 번째의 간구는 "우리를 시험에 빠지지 않게 하시고, 악에서 구하소서."라는 것이다. 시험에 빠지면 사람은 죄를 짓게 된다. 악은 죄의 파괴적인 결과이다. 그러므로 위의 간구는 죄악에 빠지지 않게 해달라는 간구라 볼 수 있다. 죄와 그것이 야기하는 불행에서 우리를 건져달라는 기도이다. 나만을 죄악에서 건져달라고 부르짖지 않는다. 나를 포함한 우리 전부를 구원해 주실 것을 간구한다. 이와 같이 새로운 교리문답에서는 '우리'라는 단어가 강조되어 해석되었다.

문 61: "오늘 우리에게 일용할 양식을 주시고"는 무엇을 의미합니까?

답: 일용할 양식을 주되 '우리'에게 달라고 기도자는 간구합니다. '나의' 양식만이 아니라 '우리' 모두의 양식이 관심입니다(요 6:9-13). 우리는 양식뿐 아니라 우리의 모든 것들을 이웃과 나누는 마음으로 살아야 합니다(마 19:21). 자원을 아껴 쓰며 정의로운 사회를 만들기 위해 노력하고 나눔을 실천하여야 합니다.

문 62: "우리가 우리에게 잘못한 사람을 용서하여 준 것같이 우리 죄를 용서하여 주시고"는 무엇을 의미합니까?

답: 이 간구에서도 '나의' 죄뿐만 아니라 '우리' 모두의 죄가 강조됩니다(요일 1:9). 예수 그리스도께서는 자신의 죄 때문에 십자가에 달리신 것이 아닙니다(눅 23:47; 롬 5:8). 그는 인류의 죄 곧 우리의 죄를 대신 지시고 십자가에 달리셨습니다(히 7:26-28). 남의 허물을 함께 지는 데에서 하나님의 구원과 용서의 빛이 비춰집니다(눅 23:34; 요 1:29; 고후 2:10).

문 63: "우리를 시험에 빠지지 않게 하시고, 악에서 구하소서."는 무엇을 의미합니까?

답: 시험에 들면 죄와 악을 행하게 되며, 그러한 죄는 결국 우리를 불행으로 인도합니다(약 1:15). 이 간구는 나를 죄와 파멸로부터 건져달라고 언급함과 동시에 '우리' 모두를 건져달라고 기도합니다(마 7:7). 우리는 보통 나만 불행에서 피하면 된다는 생각을 할 때가 많습니다. 그러나 나의 행복만큼 남의 행복도 중요합니다. 이 간구는 나를 포함한 우리 모두를 죄와 파멸과 사탄의 권세로부터 구해달라는 기도입니다.

5. 하늘에서와 같이 땅에서도

주기도문의 앞의 세 개의 간구와 뒤의 세 개의 간구는 "하늘에서와 같이 땅에서도"라는 부사구로 연결되었다. 한국어로 번역된 주기도문에서는 이 구절이 "아버지의 뜻이…… 이루어지게 하소서."만을 수식하는 것으로 되어 있으나, 헬라어 성경에서는 앞의 세 개의 간구 모두를 수식하는 위치에 있다. 아니 오히려 앞의 간구들과 뒤의 간구들을 연결한다고 보아야 할 것이다. 앞의 세 개의 간구는 하나님의 뜻을 찾는 작업으로서, 그것의 방향이 하늘로 향해 있다. 그러나 뒤의 세 개의 간구는 우리 인간에 대한 간구이며 땅을 향한 간구이다. 주기도문의 이러한 하늘과 땅의 간구들이 "하늘에서와 같이 땅에서도"라는 구절을 통해 연결되는 것이다. 하나님의 거룩을 추구하는 길이란 우리가 서로 용서하는 것에서 비롯된다. 예수님께서는 우리가 이 땅에서 서로 용서하는 삶을 이루어 나갈 때, 그의 거룩에 참여케 되는 것임을 강조하셨다. 하늘을 쳐다보며 하나님의 나라가 올 것을 바라는 자들을 향해, 예수님께서는 일용할 양식을 서로 나누는 그곳에 하나님 나라가 있음을 말씀하셨다. 하나님의 뜻을 하나님께서 이룰 것을 기대하는 자들을 향하여 이 땅에서 죄악과 구별된 삶을 살 때, 곧 하나님의 말씀에 순복할 때, 하나님의 뜻이 하늘에서와 같이 땅에서도 이루어지는 것임을 가르치셨다. 주기도문은 위만 쳐다보는 자들의 눈길을 땅으로 향하게 한다.

주님의 십자가는 우리의 죄를 용서하는 은총의 방편이다. 그리스도께서는 성찬을 통해 양식은 나누어 먹는 것임을 가르치셨다.

또한 우리는 성령의 은혜가 아니고서는 하나님의 말씀에 순종할 수 없을 것이다. 십자가와 성찬과 성령은 신약성경에서 핵심적인 주제로서, 인간은 그러한 은총의 수단을 통해 땅을 하늘에 연결할 수 있게 된다.

보프(Leonardo Boff)는 그의 책 『주의 기도』에서 주기도문의 흐름을 다음과 같이 요약하였다.

> 주기도 안에서 우리는 하나님과 인간, 하늘과 땅, 종교적인 것과 정치적인 것의 올바른 관계를 실천적으로 만나게 되는데, 이 모든 것들이 처음부터 끝까지 통일성을 유지하고 있다. 주기도의 첫 부분은 하나님에 대하여 말한다. 뒷부분은 인간의 관심과 관련되어 있다. 예수의 기도 속에서 하나님의 관심은 인간의 관심사와 유리되지 않으며, 인간의 관심사가 그분의 관심사에 낯설지 않다. 인간으로 하여금 하늘로 향하게 하고 하나님께 간구하게 하는 그 힘은 땅으로 되돌아와서 땅 위의 관심사에 그 영향력을 발휘한다. 그것은 심오한 통일성 속에 싸여 있는 하나의 운동이다.

주기도문의 마지막 간구는 "나라와 권능과 영광이 영원히 아버지의 것입니다."로 되어 있다. 하늘에서 출발하여 땅으로 내려왔던 간구는 다시 하늘에 이르러 마무리된다. 그것은 하나의 거대한 순환이다. 땅의 물이 햇빛을 받아 하늘로 올라 구름이 되며, 다시 그 구름이 땅을 적시는 비가 되듯, 우리의 영성은 하나의 순환구조를 가지고 있다. 그렇게 하나님 사랑과 이웃 사랑은 동전의 양면과 같은 것으로 서로 순환적인 것이다. 지금까지 살펴본 것처럼 우리는 주기도문에 나타난 기도의 전형을 통하여 두 가지를 발견하였다. 첫째, 기도란 하나님의 뜻과 우리의 뜻을 추구하는 것이다. 둘째, 하나님의 뜻으로서의 하나님 사랑과 우리의 뜻으로서의 이웃 사랑이 기도에서 구현되어야 한다. 주기도문의 마지막 간구에 대한 새 교리문답의 해석이다.

문 64: "나라와 권능과 영광이 영원히 아버지의 것입니다."는 무엇을 의미합니까?

답: 주기도문의 후렴으로서 송영 부분입니다(대상 29:11-12). 하늘에서 출발하여 땅으로 내려왔던 간구는 다시 하늘에 이르러 마무리됩니다. 그것은 하나의 거대한 순환입니다. 땅의 물이 햇빛을 받아 하늘로 올라 구름이 되며 다시 그 구름이 땅을 적시는 비가 되듯, 우리의 기독교 영성은 하나의 순환구조로 되어 있습니다. 그와 같이 하나님 사랑과 이웃 사랑은 동전의 양면과 같은 것으로 서로 순환적입니다. 하늘의 하나님의 영광이 이 창조세계를 적시며, 다시 그 영광이 하늘로 올려지게 됩니다(요 14:13; 시 115:1). 그 하나님께서는 영광을 받으실 우리의 영원한 통치자이십니다.

제7장
예배의 두 요소: 복종과 섬김

1. 수직적 영성과 수평적 영성

1970년대의 세계신학은 사회참여에 대한 관심을 고조하였다. 몰트만(J. Moltmann)의 정치신학(political theology), 남미의 해방신학(liberation theology), 여성해방신학, 흑인해방신학, 한국의 민중신학 등 일련의 사회참여를 강조하는 신학들이 이즈음에 출현하였다. 이처럼 교회 밖의 문제 및 세상의 문제에 관심을 쏟다 보니 기독교의 정체성과 개인적 영성에의 고갈을 경험하게 되었으며, 이에 80년대에 들어 기독교 영성(spirituality)을 강조하는 신학들이 나타나게 된다. 기독교가 말하는 영성의 본성과 그 영성을 훈련하는 방법 및 영적 발달의 각 단계에 있어서의 특징들을 서술하려는 많은 노력들이 오늘날까지 이어지고 있다. 하지만 80년대 이후에 나타난 영성신학은 사회적인 성화를 도외시하고 개인적인 성화만을 강조하는 개인적 경건의 신학으로 퇴행하지는 않았으며, 기독교의 영성이 사회를 새롭게 하는 데 일조하는 것임을 서술하고 있다. 곧 하나님과의 교제로서의 수직적인 영성은 이웃 사랑 또는 헌신으로서의 수평적인 영성과 떨어질 수 없다는 내용이다. 기독교의 영성은 통전적인 것으로 사회변혁과 사회참여의 요소를 그 안에 포함한다. 물론 이 말은 구원의 수직적인 차원이 수평적인 차원으로 환원되는 것을 의미하지는 않는다. 오히려 수직적인 차원과 수평적인 차원의 통전성이 강조되어야만 한다. 체코 출신의 신학자 로호만(J. Milic Lochman)은 그의 책 『화해와 해방』에서 이르기를, "구원은 일차적 실재가 아니라 다차원적 실재이다. 그러므로 수평적 차원을 수직적인 차원으로 환원해 버리거나, 수직적인 차원을 수평적인 차원으로 환원해 버리는 그 어떤 시도들도 비판적으로 검토되어야 한다."고 하였다.

  기독교의 영성은 통전적인 영성이다. 기독교에 있어 예배는 영성과 긴밀한 관계하에 있다. 기독교의 영성이 통전적인 것처럼 기독교의 예배 또한 통전적이다. 신학자 바르트는 이 같은 예배의 통전성을 정치적 예배라는 말로 표현하였다. 그는 예배의 행동적인 차원을 강조하였다. 하나님께 영광을 돌리는 것으로서의 예배가 이 땅의 이웃을 위한 행동의 결단과 연결되지 않는다면 그 예배는 부족한 것임을 그는 말한다. 그는 그의 기도론에서 기도가 바로 행동이라고 한다. 그는 그렇게 관상(contemplation)과 헌신(commitment)을 연결하였다. 기도는 기독교적 삶의 심장이다. 우리는 기도를 통해 우리의 뜻을 하나님의 뜻에 연결한다. 그 하나님의 뜻은 이웃에 대한 우리의 책임을 강조한다. 그러므로 기도하는 자는 이웃을 위한 사랑의 행동을 할 수밖에 없다. 바르트는 이와 같이 기도에 있어 수직적인 면과 수평적인 면을 연결함과 동시에 그의 『교회교의학』 마지막 권에서 기독교의 세례를 설명하면서, 그것에 있어서의 수평적인 면을 부각하고 있다.

> 그러나 세례가 하나의 종교적 예식이 아니라면, 이전의 글에서도 언급한 바와 같이 그 말이 의미하는 바는 하나님의 행동과 말씀에 응답하는 인간의 진정되고 순전한 행동으로서의 그것의 특징에서 찾아져야 할 것이다.

80년대의 WCC 신학을 보면, 성찬의 문제를 사회변혁의 측면과 연결하려는 신학적인 시도들이 나타난다. 아마 그러한 책들의 효시가 스리랑카의 신학자 발라수리야(T. Balasuriya)의 『성만찬과 인간해방』(*The Eucharist and Human Liberation*)이라 할 수 있겠다. 이러한 글들에서 성만찬의 수직적인 측면과 이웃을 향한 수평적인 측면이 동시에 강조되고 있다. 본서의 목적은 예배에 있어 이러한 양면의 균형을 맞추는 데 있다. 세례와 성찬 및 기도에서뿐 아니라, 기독교의 예배에 있어서 통전성을 추구함을 통하여 기독교 예배의 풍성한 의미를 찾는 것이다.

2. 예배를 말하는 용어들

예배를 말하는 영어 용어에는 세 가지가 있다. 'worship'(존경, 경배하다)과 'liturgy'(헬라어 '레이투르기아'에서 옴)와 'service'(섬김)이다. 예배에 해당하는 히브리어에는 두 가지가 있다. 하나는 '샤하아'이며 다른 하나는 '아보다'이다. '샤하아'는 '엎드린다', 즉 '경배한다'의 뜻을 가진다. 후자는 '노동, 일, 봉사'를 의미한다. 이 '샤하아'에 해당하는 헬라어는 '프로스퀴네오'이며, '아보다'를 말하는 헬라어는 '레이투르기아'이다. '프로스퀴네오'라는 용어는 '존경심을 가지고 입맞춘다.'는 뜻이다. '레이투르기아'는 공적인 유익을 위해 하는 노동을 말하는 명사인 바, 그것의 동사형인 '레이투르게오'는 '봉사한다, 일한다'라는 뜻을 가진다. 본래 '레이투르기아'는 헬라어 '라오스'와 '에르곤'의 합성어로서 '백성이 하는 일'이라는 뜻을 가지고 있다.

이러한 예배에 쓰이는 용어들을 통해 우리는 예배의 의미를 두 가지로 요약할 수 있다. 먼저는 하나님을 향한 존경의 경배이다. 다음은 인간과 세상에 대한 섬김의 봉사이다. 예배에는 이상의 두 가지 요소가 병합되어 있다. 이 내용은 복종과 섬김이라는 용어로 간추릴 수 있다. 하나님에 대한 복종과 인간을 위한 섬김이 예배의 두 가지 차원이라는 것이다. 복종이 없는 섬김은 있을 수 없으며, 섬김이 없는 복종 또한 공허하다. 하나님 앞에 자기를 쳐 복종시키는 것으로서의 자기부정과 이러한 자기비움을 통한 이웃에 대한 사랑의 섬김이 예배의 두 가지 목표이다. 히브리서 13: 15~16은 이러한 예배의 양면성을 다음과 같이 말하고 있다.

그러므로 우리는 예수로 말미암아 항상 찬송의 제사를 하나님께 드리자 이는 그 이름을 증언하는 입술의 열매니라 오직 선을 행함과 서로 나누어 주기를 잊지 말라 하나님은 이 같은 제사를 기뻐하시느니라

이 본문은 두 가지의 예배의 모습을 나타내 보인다. 먼저는 하나님께 대한 경배와 찬양이다. 다음은 이웃을 위한 선행, 곧 섬김의 봉사이다. 예배는 매 주일의 단회적인 사건만으로 이해될 수 없다. 정장복 교수는 "예배란 어떤 경우에도 단절될 수 없는 것이기에 생활 속에서 지속되어야 한다."고 저서 『예배학 개론』에서 말했다. 예배와 생활이 분리되어서는 안 된다. 하나님을 향한 예배가 곧 생활이어야 한다. 이 같은 예배의 두 측면을 문 44는 다음과 같이 설명한다.

문 44: 예배의 두 측면은 무엇입니까?

답: 예배에는 하늘의 하나님께 드리는 찬송과 순종의 제사와 사람을 사랑하여 섬기며 온 피조물들을 보전하는 것으로서의 두 측면이 게재되어 있습니다(히 13:15-16; 고후 9:13). 예배를 통해 우리는 예수 그리스도께서 주신 두 계명인 '하나님 사랑과 이웃 사랑'(마 22:37-40)을 실천하며, 이와 더불어 구약의 율법과 선지자의 강령에 순종하게 됩니다. 예배 행위의 우선은 하나님을 경외하면서(잠 1:7) 그분 앞에 엎드려 드리는 경배로서, 그것은 이웃을 섬기고 세상의 공적인 유익을 위한 봉사로 이어집니다. 우리는 예배를 통해 먼저 하나님의 영광이 빛나도록 자기를 쳐서 복종시키는 자기부정을 보여야 하며, 또한 하나님의 선

하시고 기뻐하시고 온전한 뜻을 이웃을 섬기는 삶 속에서 나타내야 합니다(롬 12:1-2; 마 5:23-24; 약 1:26-27; 마 25:37-40).

3. 복종

먼저 예배의 '프로스퀴네오'적인 성격에 대해 검토하려 한다. 헬라어 '프로스퀴네오', 즉 무릎을 꿇는 복종은 특별히 인간과 하나님과의 관계를 표명하는 데 주로 사용된다. 신약성경 중에서는 이 단어가 마태복음 18:26을 제외하고는 모든 곳에서 하나님에 대해서만 쓰이고 있다. 하나님만이 '프로스퀴네오'적인 예배의 대상이라는 것이다. 사도행전 10:25~26에 보면 고넬료가 베드로에게 경배하려 하였을 때, "나도 사람이라." 하며 그리하지 못하게 하였다. 곧 인간은 경배의 대상이 될 수 없다는 것이다(계 19:10, 22:8-9). 이렇게 예배는 일차적으로 하나님과의 수직적인 관계로서의 경배의 의미를 포괄하고 있다.

'worship'이란 말은 영어로 'worth'(가치)와 'ship'(신분)의 합성어로서 '가치 있는 신분', 즉 어떤 사람에게 존경과 가치를 보내는 것을 의미한다. 우리가 하나님을 존경하는 것은 마땅히 그가 존경받을 만한 분이기 때문이다. 우리는 하나님을 억지로 또는 강요에 못 이겨 경배하는 것이 아니다. 그에 대한 경배는 그의 본질에 비추어 볼 때 너무나도 당연한 것이다. "여호와의 이름에 합당한 영광을 그에게 돌릴지어다"(시 96:8). 그의 이름을 바로 아는 자는 그를 존경하지 않을 수 없다는 뜻이다. 그러므로 누군가가 그를 존경하지 않는다면, 그것은 그가 하나님을 바로 알고 있지 못하기 때문이다. 우리는 그 하나님을 하나님의 자기계시를 통해 알게 된다. 계시로 인해 하나님을 알게 된 자는 하나님을 경배한다. 그러므로 예배란 계시에 대한 응답이다.

예배는 하나님의 계시에 대한 응답으로 인간에게 주도권이 있는 것이 아니다. 김득룡 교수는 이러한 모습을 다음과 같이 서술하였다.

> 예배의 주는 성부 하나님이시다. 다시 말해서 인간이 예배를 드리는 것이 아니라 성부 하나님께서 우리로 하여금 예배를 드리도록 인도하시는 것이다. …… 종교의 중심점은 인간이 하나님을 붙잡고 있는 것이 아니라 하나님이 인간을 붙잡고 계신 것이다. 마찬가지로 예배의 중심은 인간이 하나님을 위하여 드리는 것이라기보다는 하나님께서 인간을 위하여 그분 자신이 예배의 주체가 되셔서 인간을 통하여 예배를 받으시려는 것이다. 인간이 하나님을 택한 것이 아니라 하나님이 인간을 택하셨다는 바로 이 사실이 하나님께서 예배의 주체가 되시고 예배의 대상이 되는 것을 여실히 드러낸다.

신학자 크라이튼(J. D. Crichton)은 『예배의 신학』에서 다음과 같이 말한다.

> 예배의 응답(response)이라는 용어로서 가장 적절히 논의될 수 있다. 그것이 찬송이나 감사나 간구나 회개이든지 간에, 또한 성찬이나 세례 또는 예식적인 기도나 교회력의 거행이

든 간에, 예배 시 우리가 하나님께 응답한다는 것은 당연하다. 이것이 그렇다면, 예배는 하나님의 주도권의 기록인 구속사의 맥락에서 고찰되어져야 한다.

그 하나님의 영광이 예수님을 통해 계시된 바 되었다고 성경은 말한다. 예수 그리스도를 안다는 것은 하나님을 아는 것이다.

> 너희는 나를 알지 못하고 내 아버지를 알지 못하는도다 나를 알았더라면 내 아버지도 알았으리라(요 8:19).

이에 하나님에 대한 복종은 하나님의 말씀으로서의 예수 그리스도에 대한 복종과 연계된다.

> 이러므로 하나님이 그를 지극히 높여 모든 이름 위에 뛰어난 이름을 주사 하늘에 있는 자들과 땅에 있는 자들과 땅 아래에 있는 자들로 모든 무릎을 예수의 이름에 꿇게 하시고 모든 입으로 예수 그리스도를 주라 시인하여 하나님 아버지께 영광을 돌리게 하셨느니라(빌 2:9-11).

빌립보서의 이 말씀은 예수 그리스도께서 그렇게 높임을 받은 이유에 대해 말한다. 곧 그가 하나님과 동등이시나, 자기를 비워 종의 형체를 취하시고 낮아지셨기 때문에 하나님께서 그를 지극히 높이셨다는 것이다. 하나님은 예수 그리스도의 낮아지심을 통해 높아지셨다. 그리스도께서는 그 스스로 하나님께 복종함으로써 우리 인간으로 하여금 그에게 복종토록 하셨다.

　우리는 계시하신 예수 그리스도를 통하여 하나님께 경배를 드린다. 신약성경 중 '프로스퀴네오'의 사용에 있어 흥미 있는 점이 발견된다. 그것은 보이지 않는 하나님의 경배에 대해서는 이 단어가 사용되지 않는다는 점이다. 사도행전 9:40에는 무릎을 꿇고 기도하였다는 표현이 있다. 이곳에서는 무릎을 꿇는다는 의미로 '프로스퀴네오'가 사용되지 않았다(행 20:36 참조). 구체적으로 눈에 보이는 위엄 앞에서의 경배에 대해서만 이 단어가 쓰이고 있다. 우리는 우리에게 감추어져 있는 하나님을 경배할 수 없다. 하나님이 계시를 통해 우리에게 드러난 경우에만 우리는 그분을 경배할 수 있게 된다. 예수 그리스도를 통하여 하나님이 우리에게 가시화되었으며, 신자는 그 눈에 보이는 그리스도에게 경배함으로 하나님을 경배하게 되는 것이다. 이에 우리의 예배는 근본적으로 기독론적인 것이라 할 수 있다. 예배 신학자 훈(Paul W. Hoon)은 이러한 모습을 그의 책 『예배의 온전성』(The Integity of Worship)에서 다음과 같이 표현했다: "기독교의 예배는 예수 그리스도 안에서 그 자신을 계시하신 하나님과 그에 대한 인간의 응답이다. 그것은 이중적인 행동으로, 예수 그리스도 안에서의 인간의 혼에 대한 하나님의 행동과 예수 그리스도를 통한 인간의 응답적 행동으로 구성된다. 그의 말씀을 통하여 하나님은 인간에게 그의 자신의 존재를 드러내시고 알리신다". 이와 같은 훈의 예배에 대한 견해는 계시와 응답이라는 두 단어로 요약될 수 있다.

　우리는 우리 자신의 힘으로 하나님을 알 수 없으며, 우리의 어떤 것을 가지고 하나님께 영광을 돌리는 것이 아니다. 하나님은 그 자체로 만족하시는 분으로서, 우리가 드리는 무언가에 의해 그의 만족이 증가된다거나 그의 영광이 더해지는 것은 아니다. 인간은 하나님의 영광을 바라봄을 통하여 그에게 영광을 돌리게 된다.

> 어두운 데에 빛이 비치라 말씀하셨던 그 하나님께서 예수 그리스도의 얼굴에 있는 하나님의 영광을 아는 빛을 우리 마음에 비추셨느니라(고후 4:6).

이 말씀은 하나님이 영광을 받는 경로를 우리에게 언급한다. 거울과 같은 우리 마음에 하나님의 영광이 비치면, 그 영광이 우리 마음의 거울에 반사되어 다시 하나님께로 돌아가게 되고, 그것을 통해 하나님의 영광이 드러나게 된다는 것이다. 하나님의 영광에 대해 인간의 위치는 수동적일 수밖에 없다. 우리는 어떤 것을 가지고 그분께 영광을 드리는 것이 아니며, 오직 하나님으로부터 받은 영광을 다시 반복하고 재현할 뿐이다. 그런 의미에서 "하나님께 영광을 돌린다."는 표현은 적절하다고 볼 수 있다. 우리는 하나님의 영광을 되돌려 보낼 뿐이다. 우리는 내 것을 주장하지 않고 하나님 앞에서 하나님의 것을 받아 그것을 재현함으로써 우리의 삶의 모습을 자기를 비우는 자기부정의 내용으로 표현할 수 있다. 하나님의 영광 앞에서 죽은 자같이 되는 것, 그의 영광 앞에 침묵하는 것, 그의 영광을 덧입기 위하여 인간의 추함을 벗어버리는 것, 그것이 하나님 앞에 선 우리의 복종이다.

4. 섬김

예언자 아모스는 예배를 세상에 대한 봉사와 분리하는 처사에 대해 완강한 거부를 나타내었다. 그리고 종교는 결코 불의를 은폐하는 수단이 아니며, 부도덕한 자기행위를 보상하는 것이 아님을 말한다.

> 너희는 벧엘에 가서 범죄하며 길갈에 가서 죄를 더하며 아침마다 너희 희생을, 삼일마다 너희 십일조를 드리며 누룩 넣은 것을 불살라 수은제로 드리며 낙헌제를 소리내어 선포하려무나 이스라엘 자손들아 이것이 너희가 기뻐하는 바니라 주 여호와의 말씀이니라(암 4:4-5).

벧엘과 길갈에는 당시 하나님의 성소가 있었다. 그러한 영광을 받으실 성소에서 하나님은 오히려 이스라엘의 반역을 보셨다. 북이스라엘 왕국의 백성들은 당시 그들의 경제적·군사적 번영을 구가하며, 하나님 앞에 감사제와 십일조를 드리면서 그들의 성공을 크게 자랑하며 떠들었던 것 같다. 본문에 나타나는 대로 그것이 그들의 기쁨이었을지 몰라도 하나님과는 상관없는 일이었다. 이에 하나님은 아모스를 통하여 가난한 자들을 딛고 올라선 그들의 성공을 비판하셨다. 그들은 제단 옆에서 전당 잡은 옷에 누우며, 신전에서 벌금으로 얻은 포도주를 마시면서 하나님의 전을 더럽혔던 것이다(암 2:8). 노동자들을 착취하여 번 돈으로 십일조를 드리고, 불의하게 모은 돈으로 감사헌금을 하며, 땀 흘리지 않고 얻은 돈으로 낙헌제를 드렸다. 하지만 그러한 예배를 하나님은 받으시지 않는다.

> 내가 너희 절기들을 미워하여 멸시하며 너희 성회들을 기뻐하지 아니하나니 너희가 내게 번제나 소제를 드릴지라도 내가 받지 아니할 것이요 너희의 살진 희생의 화목제도 내가 돌아보지 아니하리라(암 5:21-22).

하나님께서는 그러한 제사를 받지 않으실 뿐만 아니라, 그러한 예배가 거행되는 성전과 그러한 예배를 드리는 사람들을 파괴하고 심판할 것이라 말씀하셨다.

> 내가 보니 주께서 제단 곁에 서서 이르시되 기둥 머리를 쳐서 문지방이 움직이게 하며 그것으로 부서져서 무리의 머리에 떨어지게 하라 내가 그 남은 자를 칼로 죽이리니 그 중에서 한 사람도 도망하지 못하며 그 중에서 한 사람도 피하지 못하리라(암 9:1).

하나님께서는 그들의 예배드리는 날을 애통으로 변하게 하시며, 그들이 부르는 찬양 소리를 애곡으로 변하게 하신다고 경고하셨다(암 8:10). 불의한 죄에서 돌이키는 회개와 병행되지 않는 예배는 허식이며, 그러한 예배에 하나님이 함께하실 리 없다. 8:5에 보면 아모스 당시의 사람들은 안식일을 지키며, "언제 지나서 우리가 밀을 내게 할꼬."라고 하였다. 예배드리는 것에는 관심이 없고 빨리 예배를 끝내고 자기의 못 마친 세상일을 하며, 개인적인 쾌락을 위해 시간을 보내고자 하는 사람들의 마음에 하나님에 대한 진정한 경외의 자세가 깃들 리 없다. 그러한 태도를 가지고 예배를 드린다면, 예배는 따분할 수밖에 없으며 어떠한 감격도 없이 형식화되고 말 것이다. 자신의 세상 속에서의 삶의 진실과 연결되지 않는 예배는 공허하며 허식일 수밖에 없다.

이러한 당시의 세태를 향해 아모스는 다음의 말을 외치고 있다.

오직 정의를 물같이 공의를 마르지 않는 강같이 흐르게 할지어다(암 5:24).

여기에서의 정의란 히브리어로 '미슈파트'로서 영어 'justice'에 해당한다. 공의는 히브리어 '츠다카'로서 영어 'righteousness'를 말한다. '미슈파트'는 '재판하다, 지배하다'라는 뜻의 동사 '샤파트'에서 파생되었다. '미슈파트'는 사회적 관계들 속에서 바른 질서가 유지되기 위한 재판의 과정과 판결을 의미한다. 그것은 입법과 사법과 행정의 기능이 분리되지 않은 상태에서의 통치자의 종합적인 기능을 뜻한다. '츠다카'는 여성 명사로서, 남성으로 쓰일 경우에는 '체데크'가 된다. 이 단어들은 '의'나 '공의'로 보통 번역되는데 남성으로 쓰일 때에는 하나님이 명령하신 바른 법이나 질서를 의미하며, 여성으로 쓰일 경우에는 그 법이 지향하는 인간의 바른 행위로 구별하기도 한다. 이러한 남성과 여성으로서의 쓰임의 차이는 이사야 45:8에 나타난다.

> 하늘이여 위로부터 공의를 뿌리며 구름이여 의를 부을지어다 땅이여 열려서 구원을 싹트게 하고 공의도 함께 움돋게 할지어다 나 여호와가 이 일을 창조하였느니라

이 본문 앞에 나오는 공의는 '체테크'로 표현되어 있으며, 뒤의 의는 '츠다카'로 되어 있다. 하늘에서 내려오는 의와 땅에서 움트는 의가 구별되는 것이다. 하늘의 의란 하나님께서 명하신 법을 말하며, 땅에서의 의란 그에 의거한 인간의 의를 말한다. 구약성경 속에서 '의'는 일종의 관계로 묘사된다. 그것은 하나님과 인간의 관계(시 50:6) 및 인간과 인간의 관계(신 24:13)를 말한다.

하나님과의 바른 관계는 이웃과의 바른 관계로 이어진다. 신약에서는 하나님의 의를 덧입지 않은 사람은 타인과 바른 관계를 가질 수 없음이 강조된다. 인간의 옳은 행위는 은총을 통해 주어지는 하나님과의 바른 관계회복을 통해서만 가능하다. '정의'와 '공의'가 끊이지 않고 시냇물처럼 잘 흐르도록 하여야 한다는 아모스의 외침은 사회에서의 법의 바른 집행과 하나님과의 바른 관계를 통한 이웃과의 바른 관계를 강조하는 말로 보아야 할 것이다. 구약의 예언자들은 하나님과의 바른 관계와 인간사회에서의 정의의 실현을 이원화하지 않았다. 그들의 정의 실현은 하나님과 맺은 계약의 준수였으며, 하나님에 대한 순종과 예배는 사회에서의 올바른 행위와 다르지 않았던 것이다.

이사야 1장의 말씀은 이 같은 입장을 첨예하게 부각시키고 있다.

> 여호와께서 말씀하시되 너희의 무수한 제물이 내게 무엇이

유익하뇨 나는 숫양의 번제와 살진 짐승의 기름에 배불렀고 나는 수송아지나 어린 양이나 숫염소의 피를 기뻐하지 아니하노라 너희가 내 앞에 보이러 오니 이것을 누가 너희에게 요구하였느냐 내 마당만 밟을 뿐이니라 헛된 제물을 다시 가져오지 말라 분향은 내가 가증히 여기는 바요 월삭과 안식일과 대회로 모이는 것도 그러하니 성회와 아울러 악을 행하는 것을 내가 견디지 못하겠노라 내 마음이 너희의 월삭과 정한 절기를 싫어하나니 그것이 내게 무거운 짐이라 내가 지기에 곤비하였느니라 너희가 손을 펼 때에 내가 내 눈을 너희에게서 가리고 너희가 많이 기도할지라도 내가 듣지 아니하리니 이는 너희의 손에 피가 가득함이라 너희는 스스로 씻으며 스스로 깨끗하게 하여 내 목전에서 너희 악한 행실을 버리며 행악을 그치고 선행을 배우며 정의를 구하며 학대 받는 자를 도와주며 고아를 위하여 신원하며 과부를 위하여 변호하라 하셨느니라(사 1:11-17).

하나님은 제사나 제물을 원하시는 분이 아니며, 긍휼과 자비를 원하시는 분임을 성경은 계속 언급한다(마 9:13; 호 6:6).

당시의 외식주의자들은 안식일에 병자를 고치며, 밀 이삭을 비벼 먹는 노동을 하였다고 예수님을 비판하였다. 그러나 예수 그리스도께서는 이러한 비판에 대해 반박하시면서, 안식일이 사람을 위해서 있는 것이지 사람이 안식일을 위해서 있는 것이 아님을 가르치셨다(막 2:27). 하나님 섬김은 사람에 대한 섬김으로 열매 맺어야 한다. 또한 지극정성으로 사람을 섬김으로 하나님에 대한 섬김에까지 이르러야 할 것이다. 그러나 우리는 오히려 하나님을 섬긴다는 이름으로 이웃을 압박하고 부자유하게 만들 때가 많다. 이러한 사람들을 위하여 예수 그리스도께서는 무엇이 우선인지 분명히 밝히셨다.

> 그러므로 예물을 제단에 드리려다가 거기서 네 형제에게 원망들을 만한 일이 있는 것이 생각나거든, 예물을 제단 앞에 두고 먼저 가서 형제와 화목하고 그 후에 와서 예물을 드리라(마 5:23-24).

형제와 먼저 화해하는 것이 하나님 예배의 전제이다. 하나님과의 하나 됨은 이웃과의 하나 됨을 배제하고는 불가능하다. 하나님의 용서는 사람 상호 간의 용서를 요청한다. 그러므로 주기도문의 기도는 다음과 같이 되어 있다.

> 우리가 우리에게 죄지은 자를 사하여 준 것같이 우리 죄를 사하여 주시옵고…… 너희가 사람의 잘못을 용서하면 너희 하늘 아버지께서도 너희 잘못을 용서하시려니와 너희가 사람의 잘못을 용서하지 아니하면 너희 아버지께서도 너희 잘못을 용서하지 아니하시리라(마 6:12, 14-15).

하나님의 용서에 대한 확신 없이 이웃을 용서할 수 없으며, 이웃을 용서함 없이 하나님의 용서를 확인할 수 없다. 오늘의 삶에서 이웃과의 화해와 하나 됨을 통해 하나님과의 화해와 하나 됨이 용솟음쳐 오르게 된다. 참 예배는 자기 자신에게서 출발하여 하나님 앞에 드리는 것으로 절정에 이르고, 다시 이웃과 사회로 그 믿음의 삶을 확장시킴으로써 예배의 결실을 맺는 것이다. 여기에서 선행되는 것은 예배자의 예배에 대한 새로운 인식이다. 예배는 나에게서 출발하여 타인과 사회에 이르는 예배 행위의 추구가 있어야 하는 것이다.

5. 하나님 섬김과 사람의 섬김

로마서 12:1에는 다음과 같이 기록되어 있다.

> 그러므로 형제들아 내가 하나님의 모든 자비하심으로 너희를 권하노니 너희 몸을 하나님이 기뻐하시는 거룩한 산 제물로 드리라 이는 너희가 드릴 영적 예배니라

이 본문은 예배와 영의 예배를 동일시하고 있다. 영성과 몸의 실천은 분리되어서는 안 된다. 고린도후서 9:13은 이 문제를 다음과 같이 말한다.

> 이 [봉사의] 직무로 증거를 삼아 너희가 그리스도의 복음을 진실히 믿고 복종하는 것과 그들과 모든 사람을 섬기는 너희의 후한 연보로 말미암아 하나님께 영광을 돌리고

이 말씀에는 복음에 대한 복종과 사람을 섬기는 것이 하나님의

영광을 위해 필요한 두 요소임을 나타낸다. 특히 하나님에 대한 복종을 복음, 곧 말씀에 대한 복종으로 언급하고 있다. 하나님에 대한 복종은 그리스도에 대한 복종으로, 그것은 하나님의 복음의 말씀을 믿고 순종하는 것임을 뜻한다. 신학자 이레네우스는 다음의 말을 하였다: "하나님의 영광은 인간의 완전한 삶에 있다. 인간이 거룩하게 되는 것보다 하나님을 영화롭게 하는 것이 없으며, 하나님을 영화롭게 하는 욕구보다 한 인간을 그와 같이 거룩하게 만드는 것도 없다". 곧 하나님에 대한 섬김과 인간의 섬김이 동떨어지지 않고 하나로 조화되는 것이 예배의 목표라는 것이다. 김득룡 교수는 예배와 행동의 관계를 다음과 같이 표명하였다: "기독교인의 생활에 있어 예배와 행위는 불가분리의 관계로 연결되어 있다. …… 사실에 있어 예배와 행위는 하나로 보아야지 분리시켜 생각할 수 없다. 예배는 가장 열정적이고 강력한 기독교인의 생활이 그대로 반영된 것이다". 그래서 어거스틴은 "일하는 것은 기도하는 것이고, 기도하는 것은 일하는 것이다."(Laborare est orare, orare est laborare)라고 하였다. 다시 말해서 모든 기독교인의 생활이 예배이다. 사실 거룩한 제단 앞에서의 행위만이 아니라 기독교인의 전 생활이 예배 자체인 것이다. 즉, 교회에서 예배드리는 것과 마찬가지로 우리에게 주어진 매일매일의 생활에서 하나님의 뜻에 순종하는 욕망과 사상, 그리고 기술적인 방법까지 예배 행위가 되는 것이다.

  이러한 의미에서 기독교가 말하는 경건은 수직적인 차원의 것뿐 아니라, 수평적인 의미를 중시한다.

> 누구든지 스스로 경건하다 생각하며 자기 혀를 재갈 물리지 아니하고 자기 마음을 속이면 이 사람의 경건은 헛것이라 하나님 아버지 앞에서 정결하고 더러움이 없는 경건은 곧 고아와 과부를 그 환난중에 돌보고 또 자기를 지켜 세속에 물들지 아니하는 그것이니라(약 1:26-27).

그러면 예배의 두 요소가 되는 수직적인 경건과 수평적인 경건 사이에는 서로 어떤 연관이 있는 것일까? 성경은 그 수직적인 영성이 수평적인 영성을 배태하는 것임을 강조한다.

> 아버지여, 아버지께서 내 안에, 내가 아버지 안에 있는 것같이 그들도 다 하나가 되어 우리 안에 있게 하사 세상으로 아버지께서 나를 보내신 것을 믿게 하옵소서 내게 주신 영광을 내가 그들에게 주었사오니 이는 우리가 하나가 된 것같이 그들도 하나가 되게 하려 함이니이다(요 17:21-22).

이 말씀이야말로 기독교의 예배를 가장 잘 설명하는 구절이다. 이 본문은 세 가지의 연합에 대해 언급한다. 먼저는 삼위일체 하나님 안에 있는 하나 됨, 다음은 예수 그리스도와 인간의 하나 됨이 있다. 마지막으로는 인간과 인간 사이의 하나 됨이다. 이에 있어 인간 사이의 하나 됨의 모델이 하나님의 삼위일체적 하나 됨임을 말한다. 하나님께서 그리스도를 사랑한 것과 같이 인간을 사랑하심을 그리스도를 통하여 나타내심으로써(요 17:23), 우리는 그의 사랑을 깨닫게 되며 또한 이로 인해 이웃을 사랑하게 된다는 것이

위의 논리이다. 이러한 삼중적 연합이 기독교의 예배 중에 추구된다. 마태복음 25:37~40의 말씀으로 결론을 맺는다.

> 이에 의인들이 대답하여 이르되 주여 우리가 어느 때에 주께서 주리신 것을 보고 음식을 대접하였으며 목마르신 것을 보고 마시게 하였나이까 어느 때에 나그네 되신 것을 보고 영접하였으며 헐벗으신 것을 보고 옷 입혔나이까 어느 때에 병드신 것이나 옥에 갇히신 것을 보고 가서 뵈었나이까 하리니 임금이 대답하여 이르시되 내가 진실로 너희에게 이르노니 너희가 여기 내 형제 중에 지극히 작은 자 하나에게 한 것이 곧 내게 한 것이니라 하시고

6. 은혜의 수단으로서의 예배와 성례와 기도

「웨스트민스터 소요리문답」의 십계명 부분은 81항으로 마치는데, 이어지는 82항은 인간이 타락하여 하나님의 십계명을 지킬 수 없음에 대해 말한다. 우리 인간은 하나님의 명령을 어길 수밖에 없는 존재로서, 주의 은혜에 따른 믿음이 아니고서는 결국 명령을 어겨 받게 될 하나님의 진노와 저주에서 벗어날 길이 없음을 말하고 있다(문 83-87). 우리가 주님의 명령을 준행하여 구원과 행복에 이르는 길은 하나님의 은혜와 믿음에 의한 길이다. 이는 하나님께서 우리에게 베푸신 은혜의 수단을 힘써 사용하여 예수 그리스도를 믿고 생명에 이르는 회개를 통해 십계명을 지킬 수 있는 능력을 얻을 수 있음을 말하는 것이다. 이에 문 85는 다음과 같이

언급하고 있다.

문 85: 죄 때문에 마땅히 당할 하나님의 진노와 저주를 피하게 하시려고 하나님이 우리에게 요구하시는 것은 무엇입니까?
답: 죄 때문에 마땅히 당할 하나님의 진노와 저주를 피하게 하시려고 하나님께서 우리에게 요구하시는 것은 그리스도께서 구속의 혜택을 우리에게 전달하는 데 사용하시는 모든 외형적 방법을 우리가 힘써 사용하면서 예수 그리스도를 믿고 생명에 이르는 회개를 하는 일입니다.

위의 문항은 우리가 십계명을 지킬 수 있도록 이런 외형적인 방법을 잘 이용할 필요가 있음에 대해 말한다. 이와 같이 소요리문답에서는 구원이 우리에게 적용되는 방편을 외형적 방법으로 언급하지만, 보통 우리는 그 방법을 '은혜의 수단'이란 용어를 통해 설명한다. 신학자 칼뱅은 기독교강요 중 교회론에서 이 은혜의 수단에 대해 설명하고 있다. 칼뱅은 그 은혜의 수단을 "하나님께서 우리를 그리스도의 공동체로 초대하시고 그 안에 있게 하시는 외적 수단"이라 하였다. 그 은혜의 구체적인 모습으로 우리는 교역자의 교역, 설교, 성례전(세례와 성찬), 가르침 그리고 성경 읽기와 기도, 기독교적 삶 등을 들 수 있을 것이다. 곧 성령의 내적 사역을 통해 역사하시는 말씀과 성례와 기도 등이 은혜의 수단이 되어 우리를 바른 삶으로 인도하게 된다는 것이다.[16] 말씀과 성례

---

[16] 교리교육지침서편찬위원회, 『교리교육지침서(지도자용)』(서울: 한국장로교출판사,

전이 은혜의 객관적 수단이라면, 기도와 기독교인의 삶에서의 경험은 은혜의 주관적인 수단으로서 이 양자는 서로 분리되어 있지 않다. 이어 「웨스트민스터 소요리문답」 문 88은 그 외형적인 은혜의 방법을 다음과 같이 자세히 언급하고 있다.

문 88: 그리스도께서 구속의 혜택을 우리에게 전달하시는 데 쓰시는 외형적인 방법들은 무엇입니까?
답: 그리스도께서 구속의 혜택을 우리에게 전달하시는 데 쓰시는 외형적인 통상적 방편은 그의 법령들, 특히 말씀과 성례와 기도이며, 이것들은 모두 택함을 받은 자들을 구원에 이르게 하는 데 효력이 있습니다.

위 문항은 그 외형적인 방편, 곧 은혜의 수단으로서 말씀과 성례, 기도를 말한다. 이에 새로 단장된 「21세기 대한예수교장로회 교리문답」에서도 인간은 십계명의 내용을 지킬 능력이 없음을 먼저 선포한다.

문 40: 사람은 십계명을 완전히 지킬 수 있습니까?
답: 인간이 타락한 이래로 하나님의 계명을 온전히 지킬 수 있는 사람은 아무도 없습니다(전 7:20; 약 1:14; 요일 1:8). 십계명은 인간이 얼마나 부족한 죄인인가를 보여주는 거울입니다. 중생 후에도 선을 행할 수 있는 힘은 그들 자신에게서 나온 것이 아

2003), 260ff.

니며, 전적으로 성령님께로부터 비롯됩니다(빌 2:13, 4:13). 그러나 우리는 선행을 위해 노력해야 하며 하나님께서는 그런 성실하심을 용납하시며 기뻐하십니다(히 6:10; 마 25:20-23).

그러므로 우리가 그리스도를 믿어 회개하여 참 생명에 이르려면 먼저 그리스도의 은혜에 의해 우리가 새롭게 되어야 한다. 새로운 교리문답 문 41은 다음과 같이 말하고 있다.

문 41: 그러면 오늘날 기독교인들은 어떻게 살아야 합니까?

답: 우리 죄를 회개하고 예수 그리스도를 믿어 참 생명에 이르는 것이 먼저입니다(요 3:16-18; 행 11:18). 이와 함께 하나님을 사랑하고 바르게 예배하며, 이웃을 사랑하여 작은 자를 섬기며 살 것을 성경 말씀은 명령하고 있습니다(마 25:40; 막 12:30-31; 눅 10:26-27).

이에 새 교리문답은 3장에서 십계명에 대해 말한 후 이어 은혜의 수단에 대해 설명하며, 4장에서는 예배와 성례에 대하여, 그리고 5장에서는 주기도문에 대하여 언급한다. 새 교리문답의 문 42는 은혜의 수단으로서의 말씀과 성례, 기도에 대해 다음과 같이 설명한다.

문 42: 구원을 베푸시는 하나님의 은혜가 우리에게 전해지는 외적인 수단이나 통로는 하나님 말씀과 성례 그리고 기도인데, 그것은 무엇을 의미합니까?

답: 예수 그리스도께서 "아버지와 아들과 성령의 이름으로 세례를 베풀고 내가 너희에게 분부한 모든 것을 가르쳐 지키게 하라."고 하셨습니다(마 28:19-20). 구원의 하나님 은혜가 예수 그리스도에 의해 세상에 선포되었습니다. 그리스도께서 선포하신 은혜의 말씀이 성령님의 역사를 통해 항상 새롭게 전달되는 수단들이 있는데, 말씀선포로서의 설교(행 20:32)와 세례(행 2:38-42)와 성찬(고전 11:23-26)으로서의 성례와 기도입니다(요 16:23-24). 우리는 주님의 교회를 통해 하나님의 은혜를 전달받게 되는바, 설교와 성찬과 기도를 포함하는 예배가 은혜를 전달하며 영성을 훈련하는 핵심 수단입니다. 말씀의 선포와 성례가 바르게 집행되는 곳이 교회로서 이 둘은 진정된 교회의 표지입니다. 이러한 하나님의 은혜가 전달되는 외적 수단들은 택함을 입은 자들에게 그리스도에 대한 믿음을 불러일으켜(요 3:5; 요일 5:7-12), 구원에 이르게 하는 효력이 있습니다.

우리는 우리의 선행을 통해 구원받는 것이 아니며, 주님의 은혜에 의해 믿음으로써 구원받는 것이다. 하지만 그 믿음을 지키기 위해 우리가 노력하여야 하는 바가 없는 것이 아니다. 우리는 부단한 회개와 함께 은혜의 수단이 되는 것들을 힘써 사용하여 바른 신앙생활을 하도록 힘써야 한다. 특히 기독교의 예배 가운데에는 말씀이 있고 기도가 있으며 성례가 집행되는 것으로써, 주님을 향한 예배가 우리의 신앙과 영성 향상에 큰 힘이 되는 것임을 알게 된다.

이에 있어 그 예배는 하나님과의 수직적 관계로서만 마무리되는 것이 아니며 이웃과의 수평적 관계를 포괄하는 것으로, 우리는 예배를 위시한 은혜의 수단을 통해 하나님과의 관계를 바르게 할 뿐 아니라, 이웃과의 관계도 새롭게 해야 하는 것임을 확인하게 되는 것이다. 이와 같이 예배 안에서의 수직적 영성과 수평적 영성의 양면적 중요성을 새로운 교리문답의 문 44는 다음과 같이 설명하고 있다.

문 44: 예배의 두 측면은 무엇입니까?

답: 예배에는 하늘의 하나님께 드리는 찬송과 순종의 제사와 사람을 사랑하여 섬기며 온 피조물들을 보전하는 것으로서의 두 측면이 게재되어 있습니다(히 13:15-16; 고후 9:13). 예배를 통해 우리는 예수 그리스도께서 주신 두 계명인 '하나님 사랑과 이웃 사랑'(마 22:37-40)을 실천하며, 이와 더불어 구약의 율법과 선지자의 강령에 순종하게 됩니다. 예배 행위의 우선은 하나님을 경외하면서(잠 1:7) 그분 앞에 엎드려 드리는 경배로서, 그것은 이웃을 섬기고 세상의 공적인 유익을 위한 봉사로 이어집니다. 우리는 예배를 통해 먼저 하나님의 영광이 빛나도록 자기를 쳐서 복종시키는 자기부정을 보여야 하며, 또한 하나님의 선하시고 기뻐하시고 온전한 뜻을 이웃을 섬기는 삶 속에서 나타내야 합니다(롬 12:1-2; 마 5:23-24; 약 1:26-27; 마 25:37-40).

제8장

2021년 11월 29일 선포 및 공고한
「21세기 대한예수교장로회 교리문답」 전문

제8장
2021년 11월 29일 선포 및 공고한 「21세기 대한예수교장로회 교리문답」 전문

- 서문 -

I. 성경에 대하여 ··· (문 1-7)

II. 사도신경에 대하여 ··· (문 8-22)

III. 십계명에 대하여 ·· (문 23-41)

IV. 예배와 성례에 대하여 ··································· (문 42-53)

V. 주기도문에 대하여 ·· (문 54-66)

VI. 교회의 선교에 대하여 ··································· (문 67-70)

서문

2016년 제101회 대한예수교장로회(통합) 총회는 교단 헌법에 포함되어 있는 교리 부분의 「요리문답」을 개정하기로 하고 '요리문답개정연구위원회'를 설치했습니다. 이후 연구와 검토를 거쳐 제106회 총회는 2021년 9월 28일 본 「21세기 대한예수교장로회 교리문답」을 우리 교단의 교리 중 하나로 채택할 것을 결의하였고, 노회 수의 가결한 후, 2021년 11월 29일 실시할 것을 선포 및 공고하였습니다.

본 교단은 그간 1647년 영국에서 만들어진 「웨스트민스터 소요리문답」을 입교와 세례 시의 문답으로 상당히 오랜 기간 동안 사용하여 왔습니다. 종교개혁자들은 개신교의 교리를 대중들에게 쉽게 가르치기 위해 문답형식의 요리문답을 만들었는데, 개혁교회의 요리문답 중 중요한 것으로 1541년의 칼뱅이 주도하여 만든 「제네바교회 요리문답」, 1563년 당시 독일의 팔츠를 다스리던 선제후 프리드리히 3세 시대에 개혁자 불링거와 칼뱅 등의 신학에 근거하여 만들어진 「하이델베르크 요리문답」, 그리고 1647년 영국에서 제정된 「웨스트민스터 소요리문답」 등을 들 수 있습니다. 종교개혁자 칼뱅에 의해서 시발된 개혁신학의 5대 표어는 오직 성경(Sola Scriptura), 오직 그리스도(Solus Christus), 오직 믿음(Sola Fide), 오직 은혜(Sola Gratia), 오직 하나님께 영광(Soli Deo Gloria)으로서 본 교리문답은 이에 기초하고 있습니다.

위원회는 여러 번의 회의를 통해 개정을 위한 몇 가지의 핵심지침들을 정했습니다. 먼저 본 위원회는 기존 「웨스트민스터 소요리문답」의 기본 정신과 내용을 벗어나지 않도록 각별히 유의해야 한다는 원칙을 세웠으며, '요리문답'이란 용어가 일반 대중에게 생소하므로 그 이름을 '요리문답'에서 '교리문답'으로 변경하기로 하였습니다. 아울러 본 위원회는 이번 발간되는 「21세기 대한예수교장로회 교리문답」이 교리지침서의 역할뿐 아니라, 세상에서의 삶과 교회생활에 직접 도움을 줄 수 있는 내용으로 만들 것을 논의했습니다. 교리문답이 경직된 교리의 전수로 끝나서는 안 되며, 우리의 인격과 삶을 변화시키며 아울러 공공생활과 사회를 새롭게 하는 신앙고백이 되었으면 하는 바람에서였습니다.

금번 개정된 「21세기 대한예수교장로회 교리문답」은 이전의 본 교단 신앙고백들과 1986년의 「대한예수교장로회 신앙고백서」, 2001년에 제정된 「21세기 대한예수교장로회 신앙고백서」들을 바탕으로 하여, "Ⅰ. 성경에 대하여 Ⅱ. 사도신경에 대하여 Ⅲ. 십계명에 대하여 Ⅳ. 예배와 성례에 대하여 Ⅴ. 주기도문에 대하여 Ⅵ. 교회의 선교에 대하여"라는 목차로 구성되었습니다.

전통적으로 개혁교회의 요리문답들은 기독교의 세 보배인 사도신경, 십계명, 주기도문의 내용을 담고 있습니다. 이에 위원회는 기독교 구원의 도리와 믿음을 요약하고 있는 사도신경, 하나님께서 요구하시는 신자들의 윤리생활과 삶의 지침을 요약한 십계명, 하나님 나라에 대한 희망과 그것의 구현을 보여주는 은혜의 수단으로서의 주기도문을 기본 틀로 하여 본 문답집을 작성하였습니다. 또한 전통적인 요리문답 속에 있는 예배와 성례에 대한 부분과 교회의 선교에 대한 내용들을 포함시켰습니다.

위원회는 금번 교리문답을 새롭게 작성하며 두 기둥을 강조했습니다. 사도신경, 십계명, 주기도문과 세례 및 성찬에 나타난 하나님 사랑과 이웃 사랑의 두 측면입니다(마 22:35-40). 수직적 영성과 수평적 영성, 복음전도와 하나님 나라의 구현, 그리고 하나님과의 코이노니아와 이웃과의 코이노니아의 양 측면을 교리문답 속에 함축시키려 한 것입니다(요 17:21; 요일 4:20).

우리 총회는 이번 새롭게 단장한 「21세기 대한예수교장로회 교리문답」이 초신자들을 포함한 일반 교인들의 신앙생활을 위해 널리 사용될 것을 바라고 있으며, 이것을 기반으로 세례자 교육의 방법들이 다양하게 개발될 것을 기대하고 있습니다. 우리 교단뿐 아니라 한국교회의 많은 신자들이 기존의 「웨스트민스터 소요리문답」과 함께 새로운 「21세기 대한예수교장로회 교리문답」을 적극 활용하여 즐거운 신앙생활을 하게 되길 소망합니다.

2021년 11월 29일

〈요리문답개정연구위원회〉
위 원 장 : 노영상 목사
서   기 : 안광덕 목사
회   계 : 박수열 장로
감수위원 : 김명용 목사 이형기 목사 정장복 목사 황승룡 목사
위   원 : 강대운 목사 김경호 목사 김광재 목사 김치성 목사 민영란 목사
              서현천 목사 정성진 목사
전문위원 : 김인주 목사 임희국 목사 조용선 목사

Ⅰ. 성경에 대하여

문 1: 성경은 사람의 제일 되는 목적을 무엇이라 가르칩니까?
답: 성경은 사람의 제일 되는 목적을 하나님을 영화롭게 하고

그를 영원토록 즐거워하는 것이라 합니다(사 43:21; 롬 11:36; 고전 10:31; 엡 1:6).

문 2: 기독교의 정경으로서 성경은 어떤 책입니까?
답: 기독교의 정경인 성경은 구약 39권과 신약 27권을 합한 66권으로 되어있습니다. 하나님의 말씀인 성경은 하나님의 영감으로 기록된 책으로(딤후 3:16-17; 벧후 1:21), 성경을 바로 이해하기 위해서는 성령님의 조명이 필요합니다.

문 3: 구약과 신약의 차이점과 연속성은 무엇입니까?
답: 구약은 옛 언약을 뜻하며 신약은 새 언약을 의미합니다. 구약은 완전한 계시인 신약의 예수 그리스도를 바라보게 하며(히 12:24; 요 5:39, 46), 신약은 구약의 약속된 말씀을 회상하면서(사 42:6, 49:8) 장차 오실 예수 그리스도와 새 하늘과 새 땅을 바라보게 합니다(계 21:1-8).

문 4: 성경의 주된 가르침은 무엇입니까?
답: 성경의 중심 메시지는 예수 그리스도입니다. 성경은 우리에게 삼위일체 되시는 하나님과 그의 말씀이신 예수 그리스도에 대한 믿음의 길(요 3:16)과 하나님께서 우리에게 요구하시는 의무(미 6:8)에 대하여 가르칩니다. 성경은 불순종으로 타락하여 비참하게 된 인간들(창 3:8, 19; 마 25:41)이 예수 그리스도를 믿음으로 죄가 사해져 구원받게 되며(행 16:31), 이 구원으로 말미암아 온 세상과 피조물이 새롭게 됨을 가르치는 책입니다(요

20:31). 우리는 성경 말씀을 통해 예수 그리스도의 복음 전파와 하나님 나라 구현의 사명을 깨닫게 됩니다(막 1:15). 이에 있어 사도신경은 우리에게 구원과 믿음의 길에 대해 설명하며, 십계명은 하나님께서 우리에게 요구하시는 의무들을 지킬 것을 말합니다. 우리는 믿음 안에서 은혜의 수단이 되는 말씀과 기도와 성례를 통해 주님의 명령을 준행할 힘을 얻게 되는 것입니다.

문 5: 성경 66권을 분류하십시오.
답: 성경 66권은 다음과 같이 분류됩니다.

구분	분류			권수	책명
구약	율법서			5	창, 출, 레, 민, 신
	역사서			12	수, 삿, 룻, 삼상, 삼하, 왕상, 왕하, 대상, 대하, 스, 느, 에
	성문서(시가서)			5	욥, 시, 잠, 전, 아
	예언서	대예언서		5	사, 렘, 애, 겔, 단
		소예언서		12	호, 욜, 암, 옵, 욘, 미, 나, 합, 습, 학, 슥, 말
신약	복음서			4	마, 막, 눅, 요
	역사서			1	행
	서신서	바울서신	교리서신	6	롬, 고전, 고후, 갈, 살전, 살후
			옥중서신	4	엡, 빌, 골, 몬
			목회서신	3	딤전, 딤후, 딛
		공동서신		8	히, 약, 벧전, 벧후, 요일, 요이, 요삼, 유
	예언서(묵시서)			1	계

문 6: 구원을 얻게 함에 있어 말씀을 효력 있게 하는 방편은 무엇입니까?

답: 성경은 하나님의 말씀이신 예수 그리스도를 우리에게 증언합니다. 성령님께서는 성경을 읽는 것과 이것에 근거한 설교를 하나의 효과적인 방편으로 삼으셔서(요 5:39; 롬 10:13-15), 죄를 깨닫게 하시고 회심하게 하시며(행 2:37), 또한 거룩함과 위로로써 우리를 세우셔서 구원에 이르게 하십니다(롬 10:10-13; 엡 2:8-9; 살전 1:6).

문 7: 말씀이 구원에 이르는 데에 효력 있게 하려면 우리는 어떻게 말씀을 읽고 들어야만 합니까?

답: 우리는 기도로 성실하게 준비하여 집중하여 말씀을 읽어야 하며(신 6:5-9; 벧전 2:1-2), 성령님의 조명을 통해(요 14:26) 믿음과 사랑으로 받아들이고(히 4:2), 우리의 마음속에 간직함으로, 삶의 현장에서 그 말씀을 실천해야 합니다(약 1:21-22; 요일 4:20-21).

II. 사도신경에 대하여

문 8: 사도신경의 내용은 무엇입니까?

답: 나는 전능하신 아버지 하나님, 천지의 창조주를 믿습니다.

나는 그의 유일하신 아들, 우리 주 예수 그리스도를 믿습니다. 그는 성령으로 잉태되어 동정녀 마리아에게서 나시고,

본디오 빌라도에게 고난을 받아 십자가에 못 박혀 죽으시고,
장사된 지 사흘 만에 죽은 자 가운데서 다시 살아나셨으며,
하늘에 오르시어 전능하신 아버지 하나님 우편에 앉아 계시다가,
거기로부터 살아 있는 자와 죽은 자를 심판하러 오십니다.

나는 성령을 믿으며, 거룩한 공교회와 성도의 교제와
죄를 용서받는 것과 몸의 부활과 영생을 믿습니다.
아멘.

문 9: 사도신경의 형성 과정에 대해 설명하십시오.
답: 헬라어를 쓴 동방교회는 니케아-콘스탄티노플 신조를 콘스탄티노플에서 열린 제2차 에큐메니칼 공의회에서 결의하여 제정하였습니다. 반면 사도신경은 라틴어를 쓴 서방교회의 신조로서 오랜 기간에 걸쳐 형성된 신앙고백입니다. 사도신경은 여러 과정을 거쳐 지금의 프랑스 지역에서 보편화 되어 8세기경에 '공인된 문서'가 되었습니다.

문 10: 사도신경의 전체적 구조는 무엇입니까?
답: 사도신경은 기독교 교리의 요약입니다. 초대교회의 신앙고백은 두 종류로, 기독론적 신앙고백(마 16:16)과 삼위일체적 신앙고백이 있었습니다(고후 13:13). 사도신경에 삼위일체란 표현은 등장하지 않지만 삼위일체적 신앙고백으로서, 창조주 하나님 아버지, 구속자이신 아들 예수 그리스도, 그리고 구원자 성령님에 대해 고백합니다. 인간의 타락으로 단절된 하나님과 인

간 사이의 관계가 그리스도와 성령님을 통한 구원으로 말미암아 화해되었고(고후 5:18-19), 하나님과 인간과 온 피조물들이 서로 간의 교제를 회복하여 하나님 나라를 이루게 됨을 사도신경은 고백합니다(골 1:20).

문 11: "나는 전능하신 아버지 하나님, 천지의 창조주를 믿습니다."는 무엇을 의미합니까?

답: 신앙고백은 교회가 공동으로 고백하는 것이면서 또한 내가 고백해야 합니다(히 12:1). 사도신경의 첫 단락은 먼저 하나님을 전능하신 우리의 아버지로 고백합니다(고후 6:18). 하나님께서는 하늘 위에 계셔서 온 우주 만물을 주관하시는 분이시며, 우리의 아바 아버지(막 14:36; 갈 4:6)로서 우리 곁에 계시고 만유 안에 그리고 만유를 통하여 현존하시는 분이십니다(엡 1:23, 4:6). 하나님께서는 태초에 엿새 동안 온 우주를 무로부터 말씀으로 창조하셨을(창 1:1; 요 1:3) 뿐만 아니라, 그의 형상에 따라 사람을 창조하셨습니다(창 1:26). 그 하나님은 우리를 부르셔서 구원으로 예정한 분이시며(엡 1:4-5), 아직도 이 우주를 다스리시고 섭리하시는 분이십니다(시 103:19).

문 12: "나는 그의 유일하신 아들, 우리 주 예수 그리스도를 믿습니다."는 무엇을 의미합니까?

답: 사도신경의 두 번째 단락은 예수 그리스도께서 참 하나님이시며 참 인간으로서 우리의 중보자가 되심을 말합니다. 그분은 영원 전에 아버지 하나님으로부터 태어나신 하나님의 유일

한 아들이십니다. 그분은 예언자, 왕, 제사장의 중보자적 직분을 가지시고(딤전 2:5; 히 9:15) 인류와 우주만물(골 1:20; 엡 1:10)을 하나님과 화목하게 하셨습니다(롬 5:1, 11).

문 13: "그는 성령으로 잉태되어 동정녀 마리아에게서 나시고"는 무엇을 의미합니까?

답: 예수 그리스도께서는 우리와 교제하기 위해 동정녀 마리아에게서 태어나신 분으로 하나님의 아들로서 참 인간의 모습으로 이 땅 위에 오셨습니다(빌 2:7-8). 예수 그리스도께서 성령으로 잉태되셨다는(마 1:20) 고백은 죄가 없으신(히 4:15) 영원한 하나님의 아들이심을 드러냅니다(마 3:17).

문 14: "본디오 빌라도에게 고난을 받아 십자가에 못 박혀 죽으시고"는 무엇을 의미합니까?

답: 예수 그리스도께서는 본디오 빌라도에 의해 고난 받으셨으며(마 27:24), 인류의 죄를 대속하기 위해 십자가를 지셨습니다. 우리를 향한 하나님의 진노를 대신하신 그리스도의 희생을 통해, 인류와 우주 만물(골 1:20; 엡 1:10)은 하나님과 화해케 되었습니다(벧전 2:24, 고후 5:18-19). 예수 그리스도의 십자가는 죄와 죽음의 권세를 깨뜨리신 하나님의 놀라운 사랑과 속죄의 은총을 나타냅니다(롬 3:19-31; 고후 5:17-21; 고전 15:24).

문 15: "장사된 지 사흘 만에 죽은 자 가운데서 다시 살아나셨으며"는 무엇을 의미합니까?

답: 그의 십자가의 죽음이 우리 죄의 대속인 것처럼, 그의 부활은 우리의 새로운 삶의 시작이 됩니다(고전 15:20). 우리의 옛 자아가 십자가에서 함께 죽으므로, 그리스도로 말미암아 새 자아로 거듭나게 됩니다(골 2:12). 우리는 그리스도와 연합하여 죽음에서 벗어나 영생의 삶을 누리게 됩니다(갈 2:20).

그분은 하나님이셨지만 낮고 천한 이 땅 위에 오셔서 고난을 당하시고 결국에는 십자가에 달리시는 연약한 모습을 보이셨습니다(막 15:25). 그러나 우리는 인자로서의 예수님의 고난과 연약함에서 하나님의 아들로서의 능력과 영광과 존귀함을 바라보게 됩니다(막 8:29-31, 9:7-9). 예수 그리스도께서는 인간과의 교제를 위해 높은 하늘 위에서 이 땅으로 내려오신 분입니다.

문 16: "하늘에 오르시어 전능하신 아버지 하나님 우편에 앉아 계시다가, 거기로부터 살아 있는 자와 죽은 자를 심판하러 오십니다."는 무엇을 의미합니까?

답: 예수 그리스도께서는 자신을 낮추시어 이 땅에 연약한 모습으로 오셨습니다. 그러나 하나님께서는 그를 지극히 높여 하나님 아버지의 보좌 우편에 앉도록 하셨습니다(막 16:19; 빌 2:8-10). 예수 그리스도께서는 마지막 때에 인간을 심판하러 오시는 재림주로서(행 1:11) 인간의 모든 행위를 심판하십니다(고후 5:10).

문 17: "나는 성령을 믿으며"는 무엇을 의미합니까?

답: 사도신경의 세 번째 단락은 성령 하나님에 대한 고백입니

다. 성부와 성자와 함께 영원한 하나님이 되시는 성령님께서는 (고전 2:14) 우리에게 믿음과 생명을 주시며(고전 12:3), 우리를 성화시키시고(고전 6:11), 각종 은사들을 후히 주시며, 몸의 부활과 영생을 주십니다(고전 12:8-11). 성령님께서는 인간과 온 피조세계에 그리스도의 구원 사역을 구체적으로 적용시키시는 분입니다(엡 1:13).

문 18: "거룩한 공교회와"는 무엇을 의미합니까?
답: 교회는 죄악과 죽음의 세상으로부터 부름 받은 하나님 백성들의 모임이며(행 2:37-47, 16:5; 딤전 3:15), 세상을 향하여 파송 받아 흩어지는 공동체입니다(요 20:21). 교회는 인간의 구원과 창조세계의 회복을 위한 하나님 은혜의 수단이며 통로입니다(고전 1:2-3). 우리 눈에 보이는 교회가 불완전하며 외형적으로는 분열된 모습으로 나타나기도 하지만, 우리는 교회를 성령님의 전(고전 3:16)이고, 그리스도의 몸(고전 12:12-27)이며, 하나님의 백성(벧전 2:9)으로서 하나의, 거룩한, 보편적, 사도적 교회로 고백합니다(엡 4:4-6, 5:27). 세계 역사상의 모든 교회는 예수 그리스도를 머리로 하여 주 안에서 한 몸(엡 1:23)을 이루는 보편적인 공교회입니다.

문 19: "성도의 교제와"는 무엇을 의미합니까?
답: 성부 성자 성령의 삼위일체적 교제는 하나님과 인간의 교제로 확장되며, 또한 인간과 인간 사이의 교제로 이어집니다(요 17:21-24). 성령님께서는 우리를 복음 설교와 세례를 통하여 거

듭나게 하셔서 하나님 나라의 구성원이 되게 하시며, 그리스도의 몸에 속한 지체들이 되게 하십니다(고전 12:12-27). 이와 같이 삼위일체 하나님의 공동체에 참여한 성도들은 하나님의 은혜 안에서 영육 간의 무거운 짐들을 함께 나누면서, 이웃 사랑과 하나 됨의 삶을 살아야 합니다(시 133:1-3).

문 20: "죄를 용서받는 것과"는 무엇을 의미합니까?

답: 하나님께서는 인간을 하나님의 형상에 따라 선하게 창조하셨지만(창 1:27), 아담을 비롯한 인류는 하나님의 뜻을 저버리고 죄에 빠져 타락하게 되었습니다(창 3:6). 우리 모두 하나님의 명령을 지킬 수 없는 죽을 수밖에 없는 죄인들이 되었습니다(롬 3:9-18). 이런 죄된 인간을 위해 하나님께서는 독생자 예수 그리스도를 보내셨습니다(요 3:16). 예수 그리스도께서는 우리를 위해 십자가에서 돌아가신 후 사흘 만에 부활하셨습니다(행 10:39-41). 우리는 이 같은 주님의 은혜에 의해 믿음을 통하여(롬 1:17) 죄에서 구원받아 죽음으로부터 벗어나게 되며, 성령님 안에서 중생한 존재들로 성화됩니다(롬 8:1-6; 요 3:3). 죄로부터 구원받은 인간은 하나님 앞에서 죄인임에도 불구하고 의인인 존재들입니다.

문 21: "몸의 부활과"는 무엇을 의미합니까?

답: 우리는 몸의 부활을 소망합니다. 예수 그리스도께서 영광스런 몸으로 부활하신 것 같이 우리도 영광된 몸으로 부활하게 됩니다. 몸의 부활은 타종교에는 없는 교리로 예수 그리스도

를 통해 계시된 신자들만의 감격스런 소망입니다. 우리는 변화산에서 아름다운 모습으로 변화하신(막 9:2-3) 예수 그리스도처럼 변화되게 됩니다. 예수 그리스도를 믿는다는 것은 이 영광스러운 부활의 삶이 시작되는 것을 의미합니다. 우리는 죽어도 죽지 않습니다. 왜냐하면 예수 그리스도를 믿는 사람들은 "죽어도 살고 살아서 믿는 자들은 영원히 죽지 않기"(요 11:25-26) 때문입니다. 이 땅에서 우리가 갖고 있는 몸은 약하고 천한 몸이지만, 장차 우리는 강하고 썩지 않는 영광스러운 몸(고전 15:42-44)으로 다시 살게 됩니다.

문 22: "영생을 믿습니다."는 무엇을 의미합니까?

답: 신자들은 장차 부활체로 변형되어(막 9:2-9) 영광의 하늘나라에서 영원히 살게 됩니다(요 6:58, 14:3; 시 23:6). 우리는 그곳에서 성부 성자 성령과의 영원한 교제에 들어가며, 하나님과 인간, 인간과 인간, 그리고 인간과 모든 피조물이 새 하늘과 새 땅에서 함께 어우러져(계 21:1), 하나님을 예배하며 영원한 교제를 이루는 축복과 생명의 나라에 참여하게 됩니다(계 7:15-17, 22:3-5). 이러한 종말의 사건은 우리에게 아직 완성되지 않은 미래의 일임과 동시, 예수 그리스도의 처음 오심과 함께 이미 역사 안에서 선취된 일입니다(마 12:28; 요 3:18-21, 11:26).

III. 십계명에 대하여

문 23: 출애굽기 20장 1절부터 17절까지의 십계명의 내용은 무엇입니까?

답: 우리는 그 내용을 아래와 같이 간추릴 수 있습니다.

하나님이 이 모든 말씀으로 말씀하여 이르시되 나는 너를 애굽 땅, 종 되었던 집에서 인도하여 낸 네 하나님 여호와니라

제1계명

너는 나 외에는 다른 신들을 네게 두지 말라.

제2계명

너를 위하여 새긴 우상을 만들지 말고, 또 위로 하늘에 있는 것이나, 아래로 땅에 있는 것이나, 땅 아래 물 속에 있는 것의 어떤 형상도 만들지 말며, 그것들에게 절하지 말며, 그것들을 섬기지 말라.

제3계명

너는 네 하나님 여호와의 이름을 망령되게 부르지 말라.

제4계명

안식일을 기억하여 거룩하게 지키라.

제5계명

네 부모를 공경하라.

제6계명

살인하지 말라.

제7계명

간음하지 말라.

제8계명

도둑질하지 말라.

제9계명

네 이웃에 대하여 거짓 증거하지 말라.

제10계명

네 이웃의 집을 탐내지 말라. 네 이웃의 아내나 그의 남종이나 그의 여종이나, 그의 소나 그의 나귀나, 무릇 네 이웃의 소유를 탐내지 말라.

문 24: 십계명의 주된 내용은 무엇입니까?

답: 십계명의 앞부분의 네 계명들은 우리의 온 마음과 영혼과 뜻과 힘을 다하여 하나님을 사랑할 것을 명하고 있으며(신 6:5; 막 12:30), 뒷부분 여섯 계명들은 우리가 우리의 이웃들에게 어떤 의무를 가지고 있으며 어떻게 사랑해야 하는지 가르칩니다(마 22:37-39).

문 25: 출애굽기 20장 2절에 기록된 십계명의 머리말은 무엇이며, 그것은 어떤 의미를 갖습니까?

답: "나는 너를 애굽 땅, 종 되었던 집에서 인도하여 낸 네 하나님 여호와니라"이며, 그 의미는 하나님께서 우리의 주님이시며 구원자이시며 해방자이시므로(사 43:11), 우리는 하나님의 모든 계명들을 지켜야 한다는 것입니다(신 4:39-40).

문 26: 처음 돌비에 적힌 네 계명은 무엇입니까?

답: 전반부의 네 계명은 하나님을 사랑하고 하나님께만 예배드려야 함을 강조합니다. 제1계명은 하나님께만 예배드릴 것을 말하며(왕하 17:36), 제2~4계명은 그 하나님께 예배드리는 방법

에 대해 언급합니다(신 6:4-5). 하나님 대신 우상을 숭배해서는 안 되며, 하나님의 이름을 망령되게 곧 헛되거나 함부로 불러서도 안 되고, 안식일을 기억하여 거룩히 지켜야 합니다.

문 27: 나머지 여섯 계명은 무엇을 의미합니까?

답: 나머지 여섯 계명은 이웃에 대한 의무사항들입니다. 이 여섯 계명들은 이웃 사랑을 강조하는 명령들로, 사적이며 공적인 차원에서 정의와 평화를 실천해야 함을 강조합니다. 제10계명은 앞의 계명들을 요약하고 있습니다. "네 이웃의 집을 탐내지 말라."고 명하시면서, 제6~9계명에서 언급된 욕심내지 말아야 할 것들을 열거합니다(약 1:15). 이웃의 생명과 아내와 재산과 명예입니다(마 5:27-37).

야고보서 1장 15절에는 "욕심이 잉태한즉 죄를 낳고 죄가 장성한즉 사망을 낳느니라"라는 말씀이 있습니다. 마음의 욕심이 우리로 죄를 짓게 하며(마 15:19), 죄의 결과 온갖 불행과 파멸이 인간에게 오게 됩니다. 반면 마음의 덕은 우리로 하여금 선을 행하게 하며, 그러한 선은 우리에게 행복을 가져다줍니다. 우리는 이런 욕심과 죄로부터 자유롭기 위해 하늘의 지혜를 구해야 하며(약 3:17), 성령님 안에서 거듭난 사람이 되어야 합니다(갈 5:16-26).

문 28: "너는 나 외에는 다른 신들을 네게 두지 말라."는 제1계명은 무엇을 요구하거나 금합니까?

답: 제1계명이 요구하는 것은 만유를 창조하시고 인간을 해방

하신 하나님만을 참 신으로 알고 영화롭게 하라는 것이며(사 42:8; 마 4:10), 이 계명이 금하는 것은 다른 신을 숭배하거나 하나님의 영광을 한 부분이라도 다른 대상에게 돌리는 일입니다.

문 29: "너를 위하여 새긴 우상을 만들지 말고, 또 위로 하늘에 있는 것이나, 아래로 땅에 있는 것이나, 땅 아래 물 속에 있는 것의 어떤 형상도 만들지 말며, 그것들에게 절하지 말며, 그것들을 섬기지 말라."는 제2계명은 무엇을 요구하거나 금합니까?
답: 제2계명은 우상숭배하지 말 것을 명합니다. 이 계명은 우리 신자들이 눈에 보이는 우상을 통해서가 아니라 영으로 곧 영적으로 예배드릴 것을 요구합니다(신 32:46; 요 4:24). 제2계명은 이 세상의 자연물을 하나님으로 섬기며 인간의 손이나 생각으로 만든 형상을 섬김의 대상으로 여기는 것과 하나님께서 명령하신 방식이 아닌 다른 방법을 통해 하나님께 예배드리는 것을 금합니다(삼상 15:23; 마 15:9).

문 30: "너는 네 하나님 여호와의 이름을 망령되게 부르지 말라."는 제3계명은 무엇을 요구하거나 금합니까?
답: 제3계명은 하나님의 이름(시 29:2)과 속성(계 15:3-4)과 말씀(시 138:2)과 사역(시 107:21-22)을 거룩하게 여기고 존경할 것을 요구합니다. 이 계명이 금하는 것은 하나님을 모독하거나 하나님의 이름을 아무 의미없이 함부로 부르는 것입니다. 우리는 우리의 정신을 모아 진정으로 주님을 경배해야 합니다(요 4:24). 신자는 개인적이든 공적이든 우리의 삶 전체를 통하여 하나님

께 영광을 돌리며 그의 이름이 거룩히 여김을 받게 해야 할 책무가 있습니다.

문 31: "안식일을 기억하여 거룩하게 지키라."는 제4계명은 무엇을 요구하거나 금합니까?

답: 제4계명은 안식일을 기억하여 온 힘을 다해 예배에 집중할 것을 말합니다. 구약은 한 주간의 제7일을 안식일로 정하고 있지만, 그리스도께서 부활하신 후부터는 한 주간의 첫째 날을 '주님의 날'로 정하고 있습니다(계 1:10). '주님의 날' 곧 주일은 하나님께서 독생자 예수 그리스도를 죽은 자들 가운데서 부활시키신 새 창조의 첫날이기 때문입니다(마 28:1-6). 이 계명이 금하는 것은 예배의 의무를 소홀히 하여, 우리의 힘을 세상 업무나 오락에 사용함으로써 주일의 의미를 훼손하는 것입니다(사 58:13). 이에 우리는 온 힘과 몸을 바쳐 주께 예배해야 합니다(신 6:5; 막 12:30; 롬 12:1-2).

문 32: "네 부모를 공경하라."는 제5계명은 무엇을 요구하거나 금합니까?

답: 제5계명은 삼위일체 하나님을 사랑하는 자는 부모를 포함한 모든 이웃을 사랑하고 존중하여야 함을 요구합니다(엡 6:1-4; 벧전 2:17). 하나님에 대한 사랑은 부모에 대한 공경으로 이어지고, 부모에 대한 공경은 교회와 사회와 국가 등의 선한 권위와 질서에 대한 순종을 가능케 합니다. 가족 간의 관계는 모든 관계의 기본이 되는 것으로 이 관계가 바로 되지 않으면 이웃들과 자

연과의 관계도 어그러지게 됩니다.

문 33: "살인하지 말라."는 제6계명은 무엇을 요구하거나 금합니까?

답: 제6계명은 힘써 인간과 온 피조물의 생명을 존중하고 보존할 것을 요구합니다(엡 5:29; 창 9:5-6). 이 계명이 금하는 것은 자신의 생명이나 다른 사람의 생명을 부당하게 끊음입니다. 다른 사람에 대한 마음속의 분노와 미움, 파괴적인 욕망은 우리로 하여금 이웃에게 폭력을 가하고 살인까지 하게 합니다(마 5:21-26). 우리는 우리에게 잘 해주는 사람뿐 아니라 원수도 사랑해야 할 것입니다(마 5:43-47).

문 34: "간음하지 말라."는 제7계명은 무엇을 요구하거나 금합니까?

답: 제7계명은 우리의 몸이 성령님의 전(고전 3:16; 고후 6:16)이므로 마음과 말과 행동에 있어서 정절을 보존할 것을 요구합니다. 이 계명이 금하는 것은 이성과의 관계와 결혼생활에 있어 정숙하지 못한 생각과 말과 행동입니다(마 5:27-28; 엡 4:29). 욕심이 잉태하면 죄를 낳기 마련으로(약 1:15), 마음에 음욕을 품는 자는 결국 간음에 이르게 됩니다(마 5:27-28).

문 35: "도둑질하지 말라."는 제8계명은 무엇을 요구하거나 금합니까?

답: 제8계명은 유형, 무형의 재산을 정당하게 다루며 획득할 것

을 요구합니다(레 6:1-7; 잠 10:4). 이 계명은 이웃의 정당한 몫을 정의롭지 못한 방법으로 탈취하는 행위와 불의한 사회구조를 경계합니다. 재물에 대한 욕심은 우상숭배로서(골 3:5; 마 6:24), 우리로 하여금 도둑질을 야기하게 합니다.

문 36: "네 이웃에 대하여 거짓 증거하지 말라."는 제9계명은 무엇을 요구하거나 금합니까?

답: 제9계명은 우리 자신과 이웃과의 진실한 관계를 유지하며 그리스도인답게 살아갈 것을 요구합니다(슥 8:16-17). 특히 법정에서의 증언하는 일에 있어 진실해야 합니다. 이 계명이 금하는 것은 잘못된 의심과 불의한 판단으로 인해 다른 사람들을 거짓으로 고발하거나, 악한 말과 비방으로 남들의 명예를 해치는 행위입니다(레 19:15-16; 마 5:33-37). 우리는 사적이든 공적이든 이웃을 헐뜯거나 중상하거나 나쁘게 이야기하는 모든 언행을 삼갈 필요가 있습니다. 우리는 이웃에게 희망과 용기를 주는 말을 하려고 노력해야 합니다.

문 37: "네 이웃의 집을 탐내지 말라. 네 이웃의 아내나 그의 남종이나 그의 여종이나, 그의 소나 그의 나귀나, 무릇 네 이웃의 소유를 탐내지 말라."는 제10계명은 무엇을 요구하거나 금합니까?

답: 제10계명은 하나님께서 우리에게 주신 복에 감사하며, 다른 사람들의 소유에 대해 바르며 우호적인 마음을 가질 것을 요구합니다(시 1:1-6; 딤전 6:6). 이 계명이 금하는 것은 자기가 받은 하나님의 은혜를 깨닫지 못하고 불평하는 것이며, 탐욕으로 인해

다른 사람의 소유에 대해 부당하게 행동함입니다(갈 5:26). 욕심이 잉태한즉 죄를 낳고 죄가 장성한즉 사망을 낳습니다(약 1:15).

문 38: 십계명을 위시한 구약의 율법이 우리에게 주는 유익은 무엇입니까?

답: 율법은 우리로 하여금 죄를 깨닫게 해주며(롬 7:7, 13), 우리에게 선행을 권장하는 역할을 합니다(마 5:17; 롬 3:31). 율법으로 우리가 구원받는 것은 아니지만, 율법은 우리를 그리스도에 대한 믿음으로 인도하게 합니다(갈 3:23-25). 십계명의 제6계명부터 10계명은 이웃에게 고통 주는 행동을 하지 말 것을 말합니다. 그러나 우리는 이에서 더 나가 이웃에 행복을 주는 사랑의 행동을 하기 위해 노력해야 합니다(마 7:12, 19:20-22; 롬 13:10).

문 39: 십계명을 위시한 구약 율법의 국가법으로서의 기본 정신은 무엇입니까?

답: 모세오경에 나타난 구약의 율법은 이스라엘 백성들에게 하나님의 백성으로서 하나님을 바로 섬겨야 하며 지켜야 할 의무가 있음을 강조합니다(신 7:6-11). 구약의 율법은 국가와 공동체를 유지하기 위한 두 가지의 법적 정신에 대해 강조하는데, 그것은 공정한 재판(신 16:18-19)과 약자 보호(신 15:11, 24:19-21)의 정신입니다. 법치국가와 복지국가를 세우는 것을 구약의 율법은 강조합니다.

문 40: 사람은 십계명을 완전히 지킬 수 있습니까?

답: 인간이 타락한 이래로 하나님의 계명을 온전히 지킬 수 있는 사람은 아무도 없습니다(전 7:20; 약 1:14; 요일 1:8). 십계명은 인간이 얼마나 부족한 죄인인가를 보여주는 거울입니다. 중생 후에도 선을 행할 수 있는 힘은 그들 자신에게서 나온 것이 아니며, 전적으로 성령님께로부터 비롯됩니다(빌 2:13, 4:13). 그러나 우리는 선행을 위해 노력해야 하며 하나님께서는 그런 성실하심을 용납하시며 기뻐하십니다(히 6:10; 마 25:20-23).

문 41: 그러면 오늘날 기독교인들은 어떻게 살아야 합니까?

답: 우리 죄를 회개하고 예수 그리스도를 믿어 참 생명에 이르는 것이 먼저입니다(요 3:16-18; 행 11:18). 이와 함께 하나님을 사랑하고 바르게 예배하며, 이웃을 사랑하여 작은 자를 섬기며 살 것을 성경 말씀은 명령하고 있습니다(마 25:40; 막 12:30-31; 눅 10:26-27).

IV. 예배와 성례에 대하여

문 42: 구원을 베푸시는 하나님의 은혜가 우리에게 전해지는 외적인 수단이나 통로는 하나님 말씀과 성례 그리고 기도인데, 그것은 무엇을 의미합니까?

답: 예수 그리스도께서 "아버지와 아들과 성령의 이름으로 세례를 베풀고 내가 너희에게 분부한 모든 것을 가르쳐 지키게 하라."고 하셨습니다(마 28:19-20). 구원의 하나님 은혜가 예수 그

리스도에 의해 세상에 선포되었습니다. 그리스도께서 선포하신 은혜의 말씀이 성령님의 역사를 통해 항상 새롭게 전달되는 수단들이 있는데, 말씀선포로서의 설교(행 20:32)와 세례(행 2:38-42)와 성찬(고전 11:23-26)으로서의 성례와 기도입니다(요 16:23-24). 우리는 주님의 교회를 통해 하나님의 은혜를 전달받게 되는바, 설교와 성찬과 기도를 포함하는 예배가 은혜를 전달하며 영성을 훈련하는 핵심 수단입니다. 말씀의 선포와 성례가 바르게 집행되는 곳이 교회로서 이 둘은 진정된 교회의 표지입니다. 이러한 하나님의 은혜가 전달되는 외적 수단들은 택함을 입은 자들에게 그리스도에 대한 믿음을 불러일으켜(요 3:5; 요일 5:7-12), 구원에 이르게 하는 효력이 있습니다.

문 43: 하나님의 은혜가 전달되는 수단으로서 예배는 무엇입니까?

답: 우리 삶의 목적은 하나님을 기뻐하며 그분을 경배하고 찬양하는 데 있습니다. 이에 우리에게 예배보다 더 중요한 것은 없습니다. 예배는 삼위일체 하나님께서 베푸신 창조와 구원의 은총과 사역에 감격하여 감사함으로 우리의 삶을 다해 응답하는 산 제사(롬 12:1)로서, 하나님의 은혜가 전달되는 주요한 통로입니다.

문 44: 예배의 두 측면은 무엇입니까?

답: 예배에는 하늘의 하나님께 드리는 찬송과 순종의 제사와

사람을 사랑하여 섬기며 온 피조물들을 보전하는 것으로서의 두 측면이 게재되어 있습니다(히 13:15-16; 고후 9:13). 예배를 통해 우리는 예수 그리스도께서 주신 두 계명인 '하나님 사랑과 이웃 사랑'(마 22:37-40)을 실천하며, 이와 더불어 구약의 율법과 선지자의 강령에 순종하게 됩니다. 예배 행위의 우선은 하나님을 경외하면서(잠 1:7) 그분 앞에 엎드려 드리는 경배로서, 그것은 이웃을 섬기고 세상의 공적인 유익을 위한 봉사로 이어집니다. 우리는 예배를 통해 먼저 하나님의 영광이 빛나도록 자기를 쳐서 복종시키는 자기부정을 보여야 하며, 또한 하나님의 선하시고 기뻐하시고 온전한 뜻을 이웃을 섬기는 삶 속에서 나타내야 합니다(롬 12:1-2; 마 5:23-24; 약 1:26-27; 마 25:37-40).

문 45: 예배는 어떤 순서로 진행됩니까?

답: 예배는 하나님의 부르심에 대한 응답과 경배의 찬송, 신앙고백과 참회의 기도, 성경봉독과 말씀의 선포, 봉헌과 감사의 응답, 성찬성례전, 위탁의 말씀과 강복선언 곧 축도로 진행됩니다. 이러한 예배 요소들 중 하나인 기도의 모범은 예수 그리스도께서 가르쳐 주신 주기도문(마 6:9-13)입니다. 봉헌은 하나님께 바치는 감사의 제물로서 하나님의 뜻을 이룩하는 데 사용되어야 합니다. 예배는 하나님께 경배하고 순종함과 동시, 이웃을 사랑하며 하나님의 의가 실현되는 사회를 구현하는 것을 목적으로 합니다.

문 46: 예배에서 설교와 성찬은 어떤 위치를 갖습니까?

답: 하나님의 말씀선포와 성찬예식은 예배의 중심입니다. 말씀선포에서는 봉독한 성경말씀을 새롭게 선포하며 해석하고 회중들의 삶에 적용합니다. 성찬예식은 주님께서 제정하신 그 뜻대로 주님의 살과 보혈을 우리가 받아먹음으로 주님이 내 안에 거하시고 내가 주님 안에 거하게 되는 의미를 내포하고 있습니다. 성찬예식을 통해 성도는 몸으로 우리를 대속하신 십자가의 희생과 부활하신 예수 그리스도에게 접붙여 있음을 확신하게 되며(롬 11:17, 24), 몸 된 교회의 지체가 됨을 확인하게 됩니다(롬 12:5; 고전 12:27).

문 47: 성례는 무엇입니까?

답: 성례는 예수 그리스도께서 제정하신 거룩한 예식으로서 세례 성례전과 성찬 성례전이 있습니다(마 26:26-28, 28:19; 눅 22:19-20). 신자들이 믿음으로 성례전에 참여함으로써, 그리스도의 새 언약의 은택이 그들에게 드러나게 되며 각인되고 적용됩니다. 성례의 효력은 집행하는 사람의 능력이나 뜻에 좌우되는 것이 아니며, 언약의 축복에 따른 성령님의 역사에 의거합니다(마 28:19).

문 48: 세례는 무엇입니까?

답: 세례는 십자가에 달리시고 부활하신 예수 그리스도께서 성취한 구원 역사를 믿음으로 받아들임으로써, 십자가와 함께 옛 사람이 장사되고 부활과 함께 새 사람으로 일으켜져서, 우리가 부활하신 그리스도의 지체로 접붙여졌음을 나타내는 성례입니

다(행 18:8; 롬 6:3-4; 갈 3:27; 골 2:12; 벧전 3:21). 세례는 성부와 성자와 성령의 이름으로 물을 사용하여 행해지는 성례(마 28:19; 행 8:36-38)로서, 물은 죄 씻음의 표징입니다(행 22:16). 세례 성례전은 세례받은 성도가 다른 성도들과 함께 그리스도의 몸 된 교회를 이루는 입교 예식이기도 합니다(고전 12:13; 엡 4:3-6).

문 49: 어떤 사람이 세례를 받을 수 있습니까?

답: 예수님을 메시아와 하나님의 아들로 믿고 순종을 고백한 사람이 세례받을 수 있습니다(마 16:16). 그는 신앙공동체인 교회 안에 있는 사람이어야 하며, 세례 후에는 교회의 정식 회원으로 받아들여지게 됩니다. 또한 세례교인의 어린 자녀들도 부모의 신앙고백에 따라 유아세례를 받을 수 있습니다(창 17:7; 행 2:38-39, 16:32-33).

문 50: 세례의 공동체적 의미는 무엇입니까?

답: 세례받아 그리스도의 지체가 된 성도는 성령님의 역사 속에서 다른 여러 지체들과 조화와 일치를 이루며 그리스도의 몸을 형성하여 교회를 이루게 됩니다(고전 12:12-13). 교회의 다양한 지체들은 성령님의 각종 은사를 받아 각기 맡은 역할과 기능을 수행함으로써, 교회는 자라고 성장하는 유기적 생명체가 됩니다(고전 12:14-27). 세례공동체인 교회는 마치 '겨자씨'처럼(마 13:31-32) 자라고 성장하며 또 '누룩'처럼(마 13:33) 확산되는데, 이를 통하여 정의와 평화와 생명의 하나님 나라가 교회뿐 아니라 세상 속에서 성취되고 성장합니다(마 6:10).

문 51: 성찬은 무엇입니까?

답: 성찬은 예수 그리스도께서 제정하신 성례입니다. 성찬은 떡이나 빵과 포도주를 먹고 마심으로써, 신자가 그리스도의 살과 피에 참여함으로 서로 하나 되는 성례입니다. 떡과 포도주는 예수 그리스도의 살과 피의 표징으로서, 그가 세우신 새 언약에 따른 것입니다(막 14:22-25; 눅 22:19-20). 성찬식은 먼저 말씀이 육신이 되신 예수 그리스도를 기념하는 것으로, 사람이 떡으로만 사는 것이 아니요 하나님의 모든 말씀으로 사는 것임을 알게 하려는 것입니다(요 1:14, 6:35; 신 8:3; 마 4:4). 다음으로 성찬식은 죄 사함을 얻게 하기 위하여 예수 그리스도께서 흘리신 피를 기념하는 예식입니다(마 26:28; 렘 31:33-34; 히 10:17). 우리는 이 성찬을 통해 장차 하늘나라에서 있을 주님의 잔치를 미리 맛보는 즐거움을 갖게 되는 것입니다(눅 13:29, 22:30).

성찬 시 떡과 포도주는 그리스도의 살과 피로 변화되는 것이 아니며, 떡과 포도주에 그리스도의 살과 피가 실재하는 것도 아닙니다(요 6:53-57, 63). 부활하신 그리스도는 하나님의 보좌 우편에 계시며, 그리스도의 영인 성령님께서 성찬의 떡과 포도주에 임하실 뿐 아니라 성찬에 참여한 신자들의 마음속에 임하심으로, 그리스도께서 그 떡과 포도주에 실재하심과 똑같은 효력을 갖습니다. 우리는 성령님의 역사 속에서 믿음으로 성찬에 참여하여, 감사함으로 생명의 떡과 포도주를 받게 됩니다.

문 52: 성찬을 합당하게 받기 위하여 요구되는 것은 무엇입니까?

답: 이와 같이 성찬식은 예수 그리스도의 살과 피에 대한 신앙고백으로서, 말씀에 순종하여 이웃을 사랑하고 용서함을 결단하는 믿음의 예식입니다. 이에 성찬을 합당하게 받기 위해서는 성찬 상에 주님의 살과 피가 성령님 안에서 임재하였는지를 분별하는 영적 지식이 필요하며(고전 10:21), 떡과 포도주를 먹고 마시는 동안 주님의 살과 피를 영적으로 체험하는 믿음이 요구됩니다(고전 11:27-32). 그리고 성찬 참여를 통하여 하나님 사랑과 이웃 사랑이 이전보다 더욱 깊고 넓어지면서 이웃과 하나님 나라를 위해 십자가를 지고 그리스도의 남은 고난에 동참하려는 행함이 있는 믿음의 결단이 요청됩니다. 성찬에서 우리는 성령임재 기도를 통해 부활하신 예수 그리스도의 메시아적 삶과 사역을 다시 기억하고 경험하게 됩니다(눅 22:19-20). 이를 인해 신자들은 그리스도의 구원 사역을 인간의 역사와 창조세계 속에서 재현하게 되는 것입니다(사 65:17-25; 계 21:5).

문 53: 성찬이 가지는 공동체적 의미는 무엇입니까?
답: 성찬은 주님의 살과 피의 표징인 떡과 포도주를 함께 나눔으로써 그리스도의 희생을 기념하며, 성도들이 한 몸을 이루는 유기적 신앙공동체가 되고, 또한 이들이 하나님의 백성으로서 그리스도의 몸인 교회를 이룸을 확인하는 예식입니다(고전 11:18-22). 성찬은 영적 밥상공동체로서 식탁에 함께 둘러앉은 하나님의 백성 모두는 평등한 관계 속에서 떡과 포도주를 나누고 즐기게 됩니다(사 25:6; 계 22:17). 성찬 식탁에 놓인 떡과 포도주에는 하나님께서 베푸신 햇볕과 바람과 구름과 비와 눈 등

이 스며있으며 농부의 땀과 수고도 함께 녹아져 있습니다. 성찬은 장차 올 하나님의 우주적 공동체를 미리 축하합니다(눅 22:30).

V. 주기도문에 대하여

문 54: 주기도문의 내용은 무엇입니까?

답: 하늘에 계신 우리 아버지,
아버지의 이름을 거룩하게 하시며, 아버지의 나라가 오게 하시며,
아버지의 뜻이 하늘에서와 같이 땅에서도 이루어지게 하소서.

오늘 우리에게 일용할 양식을 주시고, 우리가 우리에게 잘못한 사람을 용서하여 준 것같이 우리 죄를 용서하여 주시고, 우리를 시험에 빠지지 않게 하시고, 악에서 구하소서.

나라와 권능과 영광이 영원히 아버지의 것입니다.
아멘(마 6:9-13).

문 55: 기도란 무엇입니까?

답: 기도란 하나님과의 교통 곧 생명이신 하나님과 친밀한 관계를 갖고(시 63:1-8, 73:25-26; 눅 6:12; 요일 1:3; 계 3:20), 하나님의 위대하심과 선하심을 찬양하고(눅 2:28-32) 감사하며 그에게 순종하는 신앙 행위입니다. 기도는 하나님의 은혜와 자비에 근거해 하나님께 소원을 아뢰고, 충성과 헌신을 다짐하며(시 103편),

죄에 빠진 인간이 자신의 불순종을 인정하는 고백입니다(시 51편). 기도는 자비하신 아버지의 응답을 바라보는 기쁨의 시간으로 우리는 기도를 통해 인간과 세상과 역사를 주님의 뜻 안에서 변화시키게 됩니다. 기도는 우리 자신의 변화뿐 아니라 하나님 나라와 그의 의가 펼쳐질 온 세상의 정의와 평화와 창조의 보전을 위해 기원하며(롬 9:1-2, 10:1) 실천하는 행위입니다.

문 56: 주기도문의 전체적 구조에 대해 설명하십시오.
답: 주기도문은 전체적으로 네 부분으로 나눌 수 있습니다. 하나님의 이름에 대한 부분, 당신 곧 '아버지'란 단어가 자주 나오는 2인칭 단수 부분, 그리고 '우리'라는 단어가 자주 나오는 1인칭 복수 부분(마 6:11-13)과 마지막 송영 부분입니다. 주기도문은 수직적으로는 하나님 나라와 그 뜻을, 수평적으로는 우리의 필요와 우리의 뜻을 찾는 두 부분으로 구성되어 있습니다.

주기도문의 주요 몸체는 두 번째와 세 번째의 단락인데, 이 두 단락들을 연결하는 위치에 "하늘에서와 같이 땅에서도"라는 부사구가 있습니다. 이 부사구는 두 번째 단락의 하늘을 향한 기도와 세 번째 단락의 땅을 향한 기도를 묶는 기능을 하면서, 하나님 사랑과 이웃 사랑을 연결합니다(마 22:36-40). 그리고 마지막 부분은 송영으로 하나님에 대한 찬양입니다(대상 29:11-12).

문 57: "하늘에 계신 우리 아버지"라는 기도의 부름이 의미하는 것은 무엇입니까?
답: 이 간구는 '하늘에 계신,' '우리,' '아버지'의 세 가지 구성요

소로 되어있습니다. 기도의 대상이 되시는 하나님께서는 하늘에 계심과 동시(시 57:5), 우리의 아버지가 되신 분입니다(롬 8:15; 고후 6:18). 우리 인간들을 초월하여 하늘에 계시며, 아버지로서 우리보다 우리 존재에 더 가까이 내재하여 계신 분이 하나님이 십니다(엡 4:6). 또한 하나님께서는 '우리'의 아버지가 되십니다. 나만의 아버지가 아니라 나와 너의 아버지입니다. 그와 같이 우리라는 공동체로서의 교회를 통해서 신자는 하나님께 기도할 수 있게 됩니다(마 18:19-20). 교회는 만민이 기도하는 집입니다(막 11:17).

문 58: "아버지의 이름을 거룩하게 하시며"는 무엇을 의미합니까?
답: '거룩하게 하다'라는 말은 히브리어로 '구별하다'라는 뜻입니다(출 15:11). 이 기도는 하나님의 이름을 거룩히 구별하는 것, 무한하신 하나님을 유한한 존재들과 구별하는 것을 강조합니다. 하나님을 다른 것들과 구별하여 그분을 정확히 아는 것이 먼저입니다. 삼위일체 하나님의 이름을 거룩하게 하며 그에게 영광을 돌리는 것이 우리 성도들의 우선적 책무입니다(왕상 8:11; 시 8:1).

문 59: "아버지의 나라가 오게 하시며"는 무엇을 의미합니까?
답: 하나님의 나라를 이 땅 위에 성취하는 것에 대한 기도입니다. 예수 그리스도 사역의 동기와 중심 목적은 모두 하나님 나라에 있었습니다. 요단강에서 세례를 받으시며 메시아 직분을 수여받으신 후, 예수 그리스도께서는 "때가 찼고 하나님의

나라가 가까이 왔으니 회개하고 복음을 믿으라 하시더라"(막 1:15)라고 선포하셨습니다. 이 말씀과 같이 하나님의 나라는 그의 모든 말씀과 행동의 대전제였습니다. 이에 우리의 기도는 하나님 나라의 도래와 하나님 나라의 확장을 간구하는 것이 되어야 합니다(눅 4:43).

문 60: "아버지의 뜻이 하늘에서와 같이 땅에서도 이루어지게 하소서."는 무엇을 의미합니까?
답: 주님의 말씀에 순종함으로 주님의 거룩한 뜻을 이 땅 위에 성취하고자 하는 성도들의 간구입니다(마 6:33). 주님의 말씀을 준행함으로 자기 스스로 복을 누릴 뿐 아니라, 세상 모든 사람들에게 복을 전달하는 통로가 되는 것이 우리를 향한 하나님의 뜻입니다(창 12:1-3, 22:17-18).

문 61: "오늘 우리에게 일용할 양식을 주시고"는 무엇을 의미합니까?
답: 일용할 양식을 주되 '우리'에게 달라고 기도자는 간구합니다. '나의' 양식만이 아니라 '우리' 모두의 양식이 관심입니다(요 6:9-13). 우리는 양식뿐 아니라 우리의 모든 것들을 이웃과 나누는 마음으로 살아야 합니다(마 19:21). 자원을 아껴 쓰며 정의로운 사회를 만들기 위해 노력하고 나눔을 실천하여야 합니다.

문 62: "우리가 우리에게 잘못한 사람을 용서하여 준 것같이 우리 죄를 용서하여 주시고"는 무엇을 의미합니까?

답: 이 간구에서도 '나의' 죄뿐만 아니라 '우리' 모두의 죄가 강조됩니다(요일 1:9). 예수 그리스도께서는 자신의 죄 때문에 십자가에 달리신 것이 아닙니다(눅 23:47; 롬 5:8). 그는 인류의 죄 곧 우리의 죄를 대신 지시고 십자가에 달리셨습니다(히 7:26-28). 남의 허물을 함께 지는 데에서 하나님의 구원과 용서의 빛이 비춰집니다(눅 23:34; 요 1:29; 고후 2:10).

문 63: "우리를 시험에 빠지지 않게 하시고, 악에서 구하소서."는 무엇을 의미합니까?

답: 시험에 들면 죄와 악을 행하게 되며, 그러한 죄는 결국 우리를 불행으로 인도합니다(약 1:15). 이 간구는 나를 죄와 파멸로부터 건져달라고 언급함과 동시에 '우리' 모두를 건져달라고 기도합니다(마 7:7). 우리는 보통 나만 불행에서 피하면 된다는 생각을 할 때가 많습니다. 그러나 나의 행복만큼 남의 행복도 중요합니다. 이 간구는 나를 포함한 우리 모두를 죄와 파멸과 사탄의 권세로부터 구해달라는 기도입니다.

문 64: "나라와 권능과 영광이 영원히 아버지의 것입니다."는 무엇을 의미합니까?

답: 주기도문의 후렴으로서 송영 부분입니다(대상 29:11-12). 하늘에서 출발하여 땅으로 내려왔던 간구는 다시 하늘에 이르러 마무리됩니다. 그것은 하나의 거대한 순환입니다. 땅의 물이 햇빛을 받아 하늘로 올라 구름이 되며 다시 그 구름이 땅을 적시

는 비가 되듯, 우리의 기독교 영성은 하나의 순환구조로 되어 있습니다. 그와 같이 하나님 사랑과 이웃 사랑은 동전의 양면과 같은 것으로 서로 순환적입니다. 하늘의 하나님의 영광이 이 창조세계를 적시며, 다시 그 영광이 하늘로 올려지게 됩니다(요 14:13; 시 115:1). 그 하나님께서는 영광을 받으실 우리의 영원한 통치자이십니다.

문 65: "아멘"은 무엇을 의미합니까?

답: '아멘'은 아람어로서 '진실로' 또는 '그렇게 될지어다'라는 뜻의 감탄사입니다. 유대인들은 회당에서 예배 드리며, 기도 인도자나 찬양대가 "하나님은 복되시다."라고 말하면 회중들은 "아멘."으로 화답하였습니다(대상 16:36; 느 8:6). 오늘날 우리는 "예수님의 이름으로 기도합니다."라는 말로 기도를 마치며, 이 말 뒤에 모두가 함께 "아멘."으로 화답합니다(고후 1:20). 중보자 되시는 예수 그리스도로 말미암아 우리는 하나님께 기도를 드릴 수 있습니다(딤전 2:5). 예수 그리스도께서는 하나님의 말씀으로서 우리의 '아멘'이 되시는 분이시기 때문입니다(계 3:14).

문 66: 마지막으로 우리는 하나님의 나라와 그의 의를 이 땅 위에 실현하기 위하여 무엇을 해야 합니까?

답: 마태복음 6장 31절과 33절은 다음과 같이 언급합니다. "그러므로 염려하여 이르기를 무엇을 먹을까 무엇을 마실까 무엇을 입을까 하지 말라…… 너희는 먼저 그의 나라와 그의 의를 구하라 그리하면 이 모든 것을 너희에게 더하시리라" 세계와 인

류를 위해 그리고 온 생태계를 포함한 우주와 하나님의 영광, 곧 그의 나라와 그의 의를 위해 일할 때, 주님께서는 우리에게 필요한 모든 것을 주시리라 믿습니다. 성경은 개인적인 간구를 금하지 않습니다. 다만 '먼저', 곧 첫 번째로 하나님의 나라와 그의 의를 구하라고 합니다. 우리가 이웃을 위해 기도하므로 우리 개인의 모든 문제들도 하나님 앞에서 해결되리라 믿습니다. 이웃을 사랑하여 그들에게 복음을 전하며 하나님 나라의 구현을 위해 일할 때 하나님께서는 기뻐하십니다.

VI. 교회의 선교에 대하여

문 67: 교회의 선교란 무엇입니까?

답: 선교는 하나님으로부터 특별한 사명을 위해 부르심을 입은 사람들이 이 세상으로 보내심을 받는 것을 뜻합니다(요 20:21; 행 1:8). 선교는 '복음 전도'와 '하나님 나라의 구현'을 목적으로 하는 것으로(마 9:35; 막 1:15), 믿지 않는 사람들에게 복음을 전하여 그들의 영혼을 구원할 뿐 아니라, 이 세상의 모든 인간과 피조물들을 하나님과 화해케 하며(골 1:15-20), 정의와 평화와 창조보전을 이 세상 속에 구현하는 것을 목적으로 합니다(사 11:1-9, 52:7, 시 85:9-10).

문 68: 복음전도와 하나님 나라 구현의 관계는 무엇입니까?

답: 기독교의 선교는 복음 선포로서 전도를 중심으로 하며, 사회봉사, 양육, 교제 등을 포괄합니다(마 9:35). 이와 같이 선교가

전도보다 더 넓은 개념이긴 하지만 서로 이분화되어선 안 됩니다. 개인 구원은 그 개인이 처한 사회적 환경과 분리될 수 없으므로 기독교는 그 구원의 내용 속에 개인 영혼의 구원과 함께 (롬 5:5-11) 하나님의 나라를 이 땅 위에 구현하는 것을 포괄하고 있습니다(요삼 1:2; 눅 4:43). 복음전도를 통해 믿고 회개하여 세례를 받은 사람들은, 주님의 복음을 전파함과 동시에 온 세상을 아름답게 변화시킬 선교의 책임을 갖습니다.

문 69: 교회의 선교가 성령님의 사역이란 말의 의미는 무엇입니까?

답: 예수 그리스도께서는 부활하신 후 제자들에게 오셔서 숨을 내쉬며 성령을 받으라고 하시면서, 아버지께서 그를 보내신 것 같이 그도 제자들을 보내심을 말씀하셨습니다(요 20:21-23). 이 말씀은 그리스도께서 신자들을 보내시는 선교의 일에 성령님의 역사가 중요함을 언급합니다. 또한 사도행전 1장 8절의 말씀은 "오직 성령이 너희에게 임하시면 너희가 권능을 받고 예루살렘과 온 유대와 사마리아와 땅끝까지 이르러 내 증인이 되리라"라고 말합니다. 이 말씀 또한 선교에 있어 성령님의 역사를 강조하는 말씀으로, 우리는 사도행전에서 사도들의 선교 사역에 함께 하셨던 성령님을 확인하게 됩니다(행 2:4, 4:8-9, 4:31, 8:17, 8:29, 10:19, 10:44, 11:12, 13:2, 16:6).

문 70: 증인으로서 선교자의 사명이란 무엇입니까?

답: 선교의 주체는 교회가 아니며 하나님이십니다(요 20:21; 사

43:11). 온 세상에 구원과 샬롬을 성취하시는 분은 하나님으로서(사 9:6), 선교자는 역사와 창조세계 안에서 하나님 나라를 구현하시는 삼위일체 하나님의 선교를 증거할 뿐입니다(사 43:10, 44:1-2). 내가 앞서 일하는 것이 아니라 그리스도께서 일하시게 함으로써(갈 2:20), 우리는 하나님의 선교에 동참하게 됩니다.

**21세기
대한예수교장로회
교리문답**
어떻게 만들어졌나?

초판발행	2022년 6월 20일
지은이	교리문답해설서간행위원회
펴낸이	박창원
발행처	한국장로교출판사
주 소	03129 / 서울시 종로구 대학로 19, 409호(연지동, 한국기독교회관)
편집국	(02) 741-4381 / 팩스 741-7886
영업국	(031) 944-4340 / 팩스 944-2623
홈페이지	www.pckbook.co.kr
인스타그램	pckbook_insta 　카카오채널 한국장로교출판사
등 록	No. 1-84(1951. 8. 3.)

책임편집 정현선
편집 이슬기 김은희 이가현   **디자인** 최종혜
경영지원 박호애   **마케팅** 박준기 이용성 성영훈

ISBN 978-89-398-4447-6
값 15,000원

※ 이 출판물은 저작권법에 의해 보호를 받는 저작물이므로 무단전재와 무단복제를 할 수 없습니다.